LIBERANDOSE
A TRAVÉS DE
LAS PROMESAS DE DIOS

Un Devocional de 22-Días

Disfunción

a

Función

¡Si Quieres Romper Cualquier Hábito Debes Cambiar y Hacer las Cosas Diferente!

Incluye Salmo 119 & Testimonios Personales

LIBERÁNDOSE
A TRAVÉS DE
LAS PROMESAS DE DIOS

Ministerios de Trompeta Profética Elías
Debrh33@icloud.com

Todos los derechos reservados.

Este libro está protegido por las leyes de derechos de autor de Los Estados Unidos Unidos de América. Este libro no puede ser copiado o reimpreso para ningún propósito. Las citas bíblicas en Inglés se tomaron de la VERSIÓN KING JAMES, la Biblia de estudio NKJV de NELSON, la Biblia de Guerra Espiritual NKJV, Biblia Moderna en Inglés, La Versión Estándar en Inglés, Diccionario My Hebrew, Diccionario Webster de Inglés Americano 1828 y Concordancia Strong Exhaustiva dominio público, a menos que se indique lo contrario.
Las versiones usadas en esta traducción al Español son: REINA VALERA 1960, LA BIBLIA DE LAS AMERICAS y NUEVA VERSIÓN INTERNACIONAL.

Ninguna parte de este libro puede reproducirse de forma escrita, electrónica, grabación o fotocopia sin el permiso por escrito del autor o editor.

Derecho reservado 2024-Tonja Peters
ISBN: 9798390109724

Reconocimiento

Un agradecimiento especial a mi esposo Ken, por creer en mí para lograr cualquier cosa que el Señor pusiera delante de mí. Hoy soy la mujer de Dios gracias a ti guiándome al Señor Jesucristo, quien es el Autor y Consumidor de mi fe!

Gracias, Fawn Parish, por sus gentiles y amorosas sugerencias para este devocional. Y a Frank McCormack Jr. de The Vision Publishers por ayudarme a finalizar este proyecto. No podría haber terminado esto sin la generosidad de su tiempo y compromiso.

Gracias, Brenda Reyes, por tus interminables horas de traducción Liberándose A Través De Las Promesas De Dios al español. ¡Tu trabajo lleno de amor llena mi corazón de mucha gratitude.

Petición de oración y Revelación de Hebreos 4:12

Hebreos 4:12 *Porque la palabra de Dios es viva y eficaz, y más cortante que toda espada de dos filos; y penetra hasta partir el alma y el espíritu, las coyunturas y los tuétanos, y discierne los pensamientos y las intenciones del corazón.*

16 de septiembre de 2016

Mamá: Estoy enviando una petición de oración por mi hijo. Estaba en las calles inyectándose metanfetamina y heroína y tuvo un comportamiento suicida cuando el amigo de mi esposo se acercó para ayudarlo en Los Angeles. El mismo ingresó en una sala de psiquiatría. Luego pidió ayuda y lo pusieron en desintoxicación y en un programa de tratamiento de 30 días. Sale hoy y se va a vivir a un Hogar de Vida Sobria en North Hollywood. Nos expresó ayer que no siente que esté listo y todavía siente el deseo de consumir drogas. Por favor oren por un milagro.

Mi respuesta: ¡Orando por obras milagrosas! Manténganos informados. No estamos lejos de North Hollywood. Mientras oraba por su hijo, comencé a orar para que Dios sanara su corazón. ¡Declaro estabilidad emocional!

7 de octubre de 2016

Mom: Quiero mantenerlos a ambos informados sobre de mi hijo. El decidió dejar el Hogar de Vida Sobria y no he sabido nada de él desde entonces. Nos aferramos a las palabras y promesas pronunciadas sobre él. Tuve un sueño en el que les decía esto a ambos y la respuesta del Apóstol Ken fue que recordara lo que dijo el Señor. Así que eso es lo que estamos haciendo. Gracias por su oraciones continuas, amor y apoyo.

Mi respuesta: ¡Lo siento! ¡Estamos en acuerdo con las promesas de Dios para su vida!

Mom: ¡Gracias! Amén.

19 de octubre de 2016

Mom: ¡Alabado sea Dios! nuestro hijo está en desintoxicación!

Mi respuesta: ¡Gracias Señor! ¡Seguimos orando! ¡Necesitamos conocimiento espiritual sobre cómo orar contra este tipo de adicción a las drogas!

Mamá: Si, estoy en acuerdo. Definitivamente estaré orando, avísame si obtienen algo.

Mi respuesta: Lo haremos, estaba teniendo una conversación acerca de esta horrible epidemia.

Mamá: Estaba viendo un programa en la televisión sobre una nueva agenda en las prisiones, que les permitirá administrar una inyección recetada que en realidad bloquea los antojos de muchas drogas diferentes.

Mi respuesta: ¿Crees que es a largo plazo o temporal?

Mamá: Creo que les da suficiente tiempo para sacarla del sistema físicamente y especialmente de los huesos. Escuché que las drogas permanecen en los huesos durante al menos un año. También hay otras cosas que hacen a lo largo con eso, como consejería, terapia y consejo de uno en uno.

20 de octubre de 2016

My response: ¡Buenos días! A menudo el Espíritu Santo me despierta con perspicacia y revelación de las cosas por las que estoy pasando. Después que compartiste que la heroína está en los huesos hasta por un año, me desperté con esta escritura; Hebreos 4:12 - Porque la palabra de Dios es viva y eficaz, y más cortante que toda espada de dos filos; y penetra hasta partir el alma y el espíritu, las coyunturas y los tuétanos, y discierne los pensamientos y las intenciones del corazón. ¡La Palabra de Dios meditada cambiará la mente y hasta penetrará en las coyunturas y los tuétanos! ¡Sigue recordándole a tu hijo las escrituras que te da el Espíritu Santo! Sigue hablando y declarando las promesas de Dios sobre él.

Mamá: Amen. Yo compartiré esta escritura con el y estaré orando por él!

12 de junio de 2017

Mi respuesta: *Buenos días amiga! Pensando y orando por tu hijo a menudo! ¿Cómo ha estado? Para su información: desde que comencé a orar por su hijo y a recuperarme de mi pierna rota (en la que tuve que lidiar con un trauma y sacar drogas de mi sistema). Escribí un devocional sobre el Salmo 119. Sentí que el Señor me ha mostrado que esto podrá ayudar a aquellos atados a adicciones que deseen ser sanados. Quería compartir esto contigo, porque la inspiración vino al orar por tu hijo. Por favor oren para que yo pueda completar este proyecto y ponerlo en manos adecuadas. Siento la guianza de darlo a los centros de rehabilitación.*

Mamá: *¡Wow! Eso es tan asombroso. ¡Definitivamente estaré orando por ti! ¡Abre las puertas que ningún hombre pueda cerrar, Señor! Nuestro hijo está bien. Está viviendo con el pastor original que primero empezó a ayudarlo. Está siendo discipulado por él. Lo tiene en devociones todas las mañanas; él tiene un trabajo y está trabajando para conseguir un automóvil en este momento. El se oye y se ve muy bien. Pero, definitivamente todavía necesita cobertura de oración. Gracias por tu amor y tu escudo de oración, no hay nada más precioso que saber que está cubierto en oración.*

Tabla de Contenido

Carta al Lector

Introducción

Día 1 Búscalo con Todo Tu Corazón	1
Día 2 Tu Palabra he Escondido en mi Corazón	6
Día 3 Oración para Quitar el Oprobio y Desprecio	11
Día 4 Revíveme Conforme a Tu Palabra	17
Día 5 Revíveme en Tu Camino	23
Día 6 Confío en Tu Palabra	29
Día 7 Tu Palabra me ha Dado Vida	35
Día 8 El Señor es mi Porción	41
Día 9 Guardaré tus Preceptos con Todo mi Corazón	47
Día 10 Tu Ley es mi Delicia	54
Día 11 Dios es la Fortaleza de mi Corazón	59
Día 12 Tu Fidelidad Perdura por Todas las Generaciones	65
Día 13 Tus Testimonios son mi Meditación	71
Día 14 Tu Palabra es Lámpara a mis Pies y Luz a mi Camino	77
Día 15 Tú eres mi Escondite	82
Día 16 Amo tus Mandamientos más que el Oro	88
Día 17 Dirige mis Pasos por Tu Palabra	95
Día 18 Tu Ley es La Verdad	101
Día 19 Tú Estás Cerca de los que se Acercan a Ti	106
Día 20 La Totalidad de tu Palabra es La Verdad	112
Día 21 Gran Paz a los que Aman tu Ley	118
Día 22 Libérame Conforme a Tu Palabra	124

Para el Lector,

En febrero del 2004, mi familia conducía hacia el Sur por la Autopista 101 en Nipomo, California. Ibamos camino a casa desde la Iglesia cuando un conductor ebrio golpeó nuestro vehículo. El conductor golpeó fuertemente la camioneta del lado de mi esposo Ken y nuestra hija Candice. Rodamos varias veces y el área principal de daño del vehículo estaba del lado mío y de nuestra hija Rachel.

Esa noche, después de que me quitaran las Quijadas de la Vida para sacarme del auto, me subieron a la ambulancia. Mientras comenzaban a cortarme la ropa, le pregunté al Señor: "¿Qué está pasando?" "¿Dónde estás TÚ?" El me respondió "YO ESTOY HACIENDO NUEVAS TODAS LAS COSAS." No pude verlo de inmediato, de hecho, fue después de pasar por lo que sentí como la hora más oscura de mi alma que incluso pude sentir Su Presencia otra vez. Hasta el día de hoy Sus Palabras de esa noche han permanecido cerca de mi corazón. He abrazado y sigo abrazando el proceso de sanidad de mi vida. Este es un viaje de día a día con mi amoroso Salvador.

Las lesiones de Ken fueron mínimas, dolor en la cadera y un rasguño en la mano. Candice tenía rasguños en la cara con un pequeño corte en la nariz. Rachel de alguna manera fue expulsada del vehículo y fue encontrada a distancia de medio campo de fútbol de nosotros. Hasta el día de hoy sigue siendo inexplicable cómo su pequeño cuerpo atravesó una de las ventanas. Sus heridas fueron una fractura compuesta en la pierna derecha, raspaduras que cubrían todas la parte inferior de su espalda y un bazo perforado. Mi cabeza fue rapada arriba de la oreja izquierda desde atrás hacia adelante; mi brazo estaba roto en 2 lugares y destrozado en el codo. Casi todas mis costillas estaban rotas, lo que causó que se me perforara un pulmón. Mi cuello y espalda estaban fracturados con 7 vértebras diferentes.

¡Nuestra familia superó todas esas lesiones de manera sobrenatural! En cuestión de días, no se notaba que Candice había estado en el accidente. El bazo de Rachel se había sanado nunca antes había oído hablar de eso. E incluso en medio de todas mis lesiones y múltiples cirugías, la recuperación fue sobrenatural. Lo único que quedó fueron las heridas invisibles que me marcaron internamente - P.S.T.D. Trastorno de Estrés Postraumático. El Doctor que me atendió me explicó que debido a que mi infancia fue tan traumática, que cuando me recuperé de todas las lesiones que sufrí (incluyendo una lesión cerebral) que mi cuerpo no supo cómo combatir el trauma emocional que sufrí.

Porque soy creyente en el Señor Jesucristo y en el poder de Su Palabra escrita, abracé el proceso de sanidad para mi cuerpo, mente (alma) y espíritu. Este fue un proceso prolongado, no solo físicamente sino también emocional y espiritualmente. Mi personalidad también cambió drásticamente. Mi hija Candice me dijo varias veces: "Ojalá volviera a tener a mi mama."

Ahora, saltando al 4 de septiembre de 2016, doce años más tarde. Mi esposo y yo estábamos visitando a unos amigos en Maple Valley, Washington. En su patio trasero, tenían un columpio de lazo atado a una Tirotea (Zip Line). El día era tan hermoso, mientras el sol brillaba sobre el verdor de ese valle, haciendo que el columpio que estaba colgado entre cientos de árboles de Maple, fuera tan atractivo,que nos turnamos para columpiarnos. Yo quería ir por segunda vez, pero esta vez me animaron a saltar en el valle, en lugar del lugar donde ma había subido al columpio. Cuando salté, aterricé sobre mi pierna izquierda en ángulo y sufrí una fractura compuesta (sí, se me salió el hueso de la pierna). Inmediatamente puse presión sobre la hinchazón, sin darme cuenta de que estaba presionando el hueso que se me salía de la pierna. Pude volver a colocar mi propio hueso en su lugar.

Así que ahora estaba experimentando otro evento traumático en mi vida. Al principio fui animada mucho a descansar por nuestra ocupada agenda, a pesar de que mi pierna me restringía un poco. Después de un par de meses, mi esposo me dice: "Tonja, no creo que estés consiguiendo lo que el Señor quiere para ti durante este tiempo." Así que al día siguiente, durante mi devocional matutino, empecé a preguntarle al Señor que quería de mi durante este período. Inmediatamente me sumergí en el Salmo 119. En mi mente, estaba pensando, el tiempo está de mi lado, ahora tengo mucho para poder estudiar el Salmo 119. Mira, yo leía los Salmos y Proverbios todas las mañanas pero cuando llegaba al Salmo 119, lo pasaba por alto porque era muy largo, el capítulo más largo en la Biblia, para ser exactos.

¡Acepté un viaje que me ha cambiado de adentro hacia afuera! Mientras estudiaba el Salmo 119, pude extraer pepitas de Verdad (como de una mina) de las promesas de Dios que están transformando mi mente, mi corazón y mi alma. El trauma que sufrí al romperme la pierna hizo que los síntomas del Trastorno de estrés postraumático (TEPT) volvieran a surgir. Mientras estudiaba este Salmo, el Espíritu Santo me daba paz y mantenía mi mente enfocada en la VERDAD de las promesas de Dios en lugar del torrente de mentiras que el enemigo me diría.

Creo que si un hombre o una mujer tomara la Palabra de Dios diariamente y permitiera que el Espíritu Santo transforme y purifique **su mente** y **corazón**. Que esto los mantendrá alejados de las malvadas tramas del infierno que tratan de atraparlos y quieren destruirlos de adentro hacia afuera.

Marcos 7:14-23 Y llamando a sí a toda la multitud, les dijo: Oídme todos, y entended: Nada hay fuera del hombre que entre en él, que le pueda contaminar; pero lo que sale de él, eso es lo que contamina al hombre. Si alguno tiene oídos para oír, oiga. Cuando se alejó de la multitud y entró en casa, le preguntaron sus discípulos sobre la parábola. Él les dijo: ¿También vosotros estáis así sin entendimiento? ¿No entendéis que todo lo de fuera que entra en el hombre, no le puede contaminar, porque no entra en su corazón, sino en el vientre, y sale a la letrina? Esto decía, haciendo limpios todos los alimentos. Pero decía, que lo que del hombre sale, eso contamina al hombre. Porque de dentro, del corazón de los hombres, salen los malos pensamientos, los adulterios, las fornicaciones, los homicidios, los hurtos, las avaricias, las maldades, el engaño, la lascivia, la envidia, la maledicencia, la soberbia, la insensatez. Todas estas maldades de dentro salen, y contaminan al hombre. (RV 1960)

Mi oración por ti, es que sea cual sea el estado mental en el que te encuentres, aceptes el viaje que Dios tiene para ti y escondas Su Palabra en tu corazón. Deja que Su Palabra te transforme a Su imagen. Nuestro Padre celestial nunca tuvo la intención de que atravesáramos dolor y sufrimiento. Pero El sabía que tendríamos que enfrentar pruebas e incluso algunas experiencias devastadoras. Por eso envió a Su Unico Hijo a morir en la cruz por ti y por mí. Quería asegurarse de que pudiéramos encontrar nuestro camino hacia El (el plan original). Nuestro Dios anhela estar con nosotros y que nosotros deseemos estar con El. Y a través de Su Palabra escrita podemos hacerlo, aquí en esta tierra. E incluso en medio de todo, todavía podemos experimentar un sabor de la eternidad.

En este devocional, he compartido experiencias personales, pruebas, traumas y testimonios de cómo lo pude superar. En Apocalipsis 12:11 dice, "Y ellos le han vencido por medio de la sangre del Cordero y de la palabra del testimonio de ellos, y menospreciaron sus vidas hasta la muerte."

He descubierto que mi camino para vencer las fortalezas que el enemigo me ha arrojado es compartiendo continuamente mi testimonio cada vez que Dios me saca de una prueba o un trauma. Cada vez que comparto, puedo sentir la Luz de Dios brillando cada vez más en los lugares oscuros de la vergüenza, miedo e incluso cada lugar en el que el enemigo trataría de mantenerme atada. La luz de Dios destruiría el control de Satanás sobre mi vida y también traería crecimiento y sanidad para otros. Oro para que en cualquier batalla que estés enfrentando abraces el proceso de la victoria real a través del camino de la Palabra de Dios, escondiendo genuinamente Sus Promesas en tu corazón.

Tonja Peters,

*"Cuando te mueves del lugar del caos
y confusión,
Eres capaz de abrazar la Vida del Rey
Y Su Reino"*

Introducción

Este devocional de 22 días incluye el Salmo 119 y testimonios personales de m vida que están diseñados de tal manera que si tomas cada día y te comprometes a la meditación, serás cambiado. ¡Creo que puedes cambiar tu vida de cualquier adicción, trauma o enfermedad mental a través del proceso de transformación que viene a través de la Palabra de Dios! Se ha dicho que se necesitan 21 días para romper un mal hábito. Creo que si alguna persona considera este Devocional de 22 días mientras pasa por su proceso de recuperación, que el Espíritu Santo lo tocaría. Creo que si comprometes tu mente, corazón y espíritu a la obra transformadora del Señor y permites que Su Palabra te renueve, serás verdaderamente libre, sanado y liberado por la obra renovadora de la Palabra de Dios. Esto requerirá ***un compromiso total de tu parte y una disciplina*** para hacer lo que lees. Así que permite que la Palabra de Dios transforme tu mente y traiga a tu corazón el proceso de sanidad y liberacion que el Señor tiene para ti, permite que su restauración haga su trabajo perfecto.

Sé que esto funciona porque yo solía ser una drogadicta y una borracha y cuando me entregué al Señor con todo mi corazón, él me liberó y me hizo libre. Pero debes saber que esto solo vino con mi entrega completa y liberando el perdón a TODOS los que me habían hecho mal. Sí, esto puede ser doloroso, pero como cualquier cirugía. Dios trae una gracia y sanidad sobrenatural para llevarte al otro lado. Recuerda que es Dios quien hace el trabajo, no nosotros ni por nosotros mismos. Lo único que el desea de nosotros es la cooperación de la obediencia para hacer Su VOLUNTAD. Nuestra rendición, más la obediencia, trae Sus beneficios, sanidad y recuperación COMPLETA. ¡LA DECISIÓN ES TUYA!

Ahora, mientras los hijos de Israel subían los escalones del templo, se les instruyó que cantaran los Salmos; Dios sabía lo que estaba haciendo. Porque hay 22 letras en el alfabeto hebreo, y el Salmo 119 contiene 22 unidades de 8 versículos cada una. Cada una de las 22 secciones corresponde a una letra del alfabeto hebreo, y cada sección comienza con esa letra. Este estilo de escritura se proporciona para ayudar a tu capacidad de memorizar y guardar la Palabra de Dios en su corazón. Para ayudarte a avanzar en su estudio, también he incluido pasajes bíblicos de apoyo que señalan la revelación escrita de Dios de cada versículo.

El salmo 119 glorifica a Dios y Su Palabra. Se refiere a las Escrituras una y otra vez, y el Salmo es sorprendente por la frecuencia con que se refiere a las Promesas de Dios. El autor del Salmo 119 no se nombra; los comentaristas dicen universalmente que es un salmo de David, que compuso a lo largo de toda su vida. Otros comentaristas creen y a menudo dicen que es posterior al exilio, proveniente de los días de Nehemías o Esdras. Si fuera importante, Dios hubiera preservado el nombre de David para este Salmo. No importa quien lo haya escrito, probablemente se escribió durante un período de tiempo y luego se compiló porque no hay un flujo de pensamiento definido desde el comienzo del Salmo hasta el final. Las secciones y los versos no son como una cadena, donde un eslabón está conectado al otro, sino como un collar de perlas donde cada perla tiene un valor igual pero independiente.

David era un hombre conforme al corazón de Dios, y creo que hay una clave en el Salmo 119:164 para encontrar el corazón de nuestro Padre, alabarlo todos los días. Detener verdaderamente lo que estamos haciendo regularmente para centrarnos en el Padre. Salmos 119:164 dice: Siete veces al día te alabo, a causa de tus justos juicios.

Ahora combina 2 Pedro 1:1-11 y Gálatas 5:16-26 con el estudio del Salmo 119 y aplícalos a tu vida. ¡Haz lo que dice, y caminarás en la libertad que nuestro Señor Jesús planeó para que vivas por el resto de tu vida!

2 Pedro 1:1-11 *Simón Pedro, siervo y apóstol de Jesucristo, a los que habéis alcanzado, por la justicia de nuestro Dios y Salvador Jesucristo, una fe igualmente preciosa que la nuestra:*

Gracia y paz os sean multiplicadas, en el conocimiento de Dios y de nuestro Señor Jesús. Como todas las cosas que pertenecen a la vida y a la piedad nos han sido dadas por su divino poder, mediante el conocimiento de aquel que nos llamó por su gloria y excelencia, por medio de las cuales nos ha dado preciosas y grandísimas promesas, para que por ellas llegaseis a ser participantes de la naturaleza divina, habiendo huido de la corrupción que hay en el mundo a causa de la concupiscencia;

Vosotros también, poniendo toda diligencia por esto mismo, añadid a vuestra fe virtud; a la virtud, conocimiento; al conocimiento, dominio propio; al dominio propio, paciencia; a la paciencia, piedad; ***a*** *la piedad, afecto fraternal; y al afecto fraternal, amor. Porque si estas cosas están en vosotros, y abundan, no os dejarán estar ociosos* *ni sin fruto en cuanto al conocimiento de nuestro Señor Jesucristo. Pero el que no tiene estas cosas tiene la vista muy corta; es ciego, habiendo olvidado la purificación de sus antiguos pecados.*

Por lo cual, hermanos, tanto más procurad hacer firme vuestra vocación y elección; porque haciendo estas cosas, no caeréis jamás. Porque de esta manera os será otorgada amplia y generosa entrada en el reino eterno de nuestro Señor y Salvador Jesucristo.

***Gálatas 5:16-26** (RV 1960)   Digo, pues: Andad en el Espíritu, y no satisfagáis los deseos de la carne. Porque el deseo de la carne es contra el Espíritu, y el del Espíritu es contra la carne; y estos se oponen entre sí, para que no hagáis lo que quisiereis. Pero si sois guiados por el Espíritu, no estáis bajo la ley.*

Y manifiestas son las obras de la carne, que son: adulterio, fornicación, inmundicia, lascivia, idolatría, hechicerías, enemistades, pleitos, celos, iras, contiendas, disensiones, herejías, envidias, homicidios, borracheras, orgías, y cosas semejantes a estas; acerca de las cuales os amonesto, como ya os lo he dicho antes, que los que practican tales cosas no heredarán el reino de Dios. Mas el fruto del Espíritu es amor, gozo, paz, paciencia, benignidad, bondad, fe, mansedumbre, templanza; contra tales cosas no hay ley. Pero los que son de Cristo han crucificado la carne con sus pasiones y deseos. Si vivimos por el Espíritu, andemos también por el Espíritu. No nos hagamos vanagloriosos, irritándonos unos a otros, envidiándonos unos a otro.

DIA 1

Búscalo con Todo Tu Corazón

Salmo 119:1-8
ALEPH
(Se pronuncia "Álef")

Dichosos los que van por caminos perfectos,
los que andan conforme a la ley del Señor.
Dichosos los que guardan sus estatutos
y de todo corazón lo buscan.
Jamás hacen nada malo,
sino que siguen los caminos de Dios.
Tú has establecido tus preceptos,
para que se cumplan fielmente.
¡Cuánto deseo afirmar mis caminos
para cumplir tus decretos!
No tendré que pasar vergüenzas
cuando considere todos tus mandamientos.
Te alabaré con integridad de corazón,
cuando aprenda tus justos juicios.
Tus decretos cumpliré;
no me abandones del todo. (NVI)

El Grupo de Apoyo

En 1989 asistí a un grupo de apoyo para alcohólicos y drogadictos en rehabilitación. Mientras escuchaba los testimonios de varias personas, me di cuenta de que mi testimonio era diferente al de los demás. No podía entender por qué muchos de ellos decían: "Solo me resbalé un par de veces" o "esta vez tengo 30 días de estar limpio". Verás, fui liberada de las drogas y el alcoholismo y recuerdo muy bien esa noche: me habían invitado a un estudio bíblico y al final del estudio el Pastor de Solteros (ahora mi esposo) me preguntó: "¿Te gustaría ser llena del Espíritu Santo? Yo dije claro que sí. Acababa de visitar a mi papá el fin de semana anterior y él había orado para que lo recibiera, pero nada pasó... así que pensé voy a intentar esto otra vez.

Esa noche yo **liberé el perdón** para los que me me hirieron, abandonaron y rechazaron. Recibí el poder para superar todos los obstáculos que se interpusieran en mi camino. Nunca he vuelto a ese estilo de vida y ahora he caminado en la libertad de ese poder por 32 años.

Más tarde, mientras reflexionaba acerca de mi vida, "Me pregunté porqué era yo diferente?" Le había preguntado a mi esposo, "Cómo es que no luché como lo han hecho estas personas?" Su respuesta para mí fue: "Amaste a Dios más que al pecado y a las drogas que te ataban." De ahora hace treinta y dos años, sigo pensando en mi recuperación, especialmente cuando he pasado a través de pruebas y tiempos difíciles. He descubierto que mi amor por mi hermoso Salvador, quien me salvó de una vida de destrucción, me hace vencer

todos los obstáculo que el enemigo pondría en mi camino. El es hermoso más allá de lo comprensible y más grande que las drogas y alcoholismo que estaban arrastrándome directo al pozo del infierno.
Salmo 119:8

Escrituras De Apoyo (NVI)

Salmo 128:1 *Dichosos todos los que temen al Señor, los que van por sus caminos.*

Salmo 111:10 *El principio de la sabiduría es el temor del Señor; buen juicio demuestran quienes cumplen sus preceptos. ¡Su alabanza permanece para siempre!*

Ezequiel 11:19-20 *Yo les daré un corazón íntegro, y pondré en ellos un espíritu renovado. Les arrancaré el corazón de piedra que ahora tienen, y pondré en ellos un corazón de carne, para que cumplan mis decretos y pongan en práctica mis leyes. Entonces ellos serán mi pueblo, y yo seré su Dios.*

Miqueas 4:2 *y muchas naciones se acercarán, diciendo: «Vengan, subamos al monte del Señor, a la casa del Dios de Jacob. Dios mismo nos instruirá en sus caminos, y así andaremos en sus sendas». Porque de Sión viene la instrucción; de Jerusalén, la palabra del Señor.*

Deuteronomio 6:5 *Ama al Señor tu Dios con todo tu corazón y con toda tu alma y con todas tus fuerzas.*

Deuteronomio 10:12 *Y ahora, Israel, ¿qué te pide el Señor tu Dios? Simplemente que le temas y andes en todos sus caminos, que lo ames y le sirvas con todo tu corazón y con toda tu alma.*

Deuteronomio 11:13-14 *Si ustedes obedecen fielmente los mandamientos que hoy les doy, y si aman al Señor su Dios y le sirven con todo el corazón y con toda el alma, entonces él enviará la lluvia* *oportuna sobre su tierra, en otoño y en primavera, para que obtengan el trigo, el vino y el aceite.*

Deuteronomio 13: 1-4 *Cuando en medio de ti aparezca algún profeta o visionario, y anuncie algún prodigio o señal milagrosa, si esa señal o prodigio se cumple y él te dice: "Vayamos a rendir culto a otros dioses", dioses que no has conocido, no prestes atención a las palabras de ese profeta o visionario. El Señor tu Dios te estará probando para saber si lo amas con todo el corazón y con toda el alma. Solamente al Señor tu Dios debes seguir y rendir culto. Cumple sus mandamientos y obedécelo; sírvele y permanece fiel a él.*

1 Juan 3:9 *Ninguno que haya nacido de Dios practica el pecado, porque la semilla de Dios permanece en él; no puede practicar el pecado, porque ha nacido de Dios.*

1 Juan 5:18 *Sabemos que el que ha nacido de Dios no está en pecado: Jesucristo, que nació de Dios, lo protege, y el maligno no llega a tocarlo.*

Definición de la Palabra Clave

Puro: a. No contaminado; no corrupto; no viciado. (Definición de viciado: depravado, impuro, defectuoso, nulo).

Concordancia Strong: H8552 (tamám) raíz primaria; completar, en sentido bueno o malo, literalmente o figurativamente, transitivo o intransitivo. (como sigue): - acabar, el colmo, concluir, consumir, cumplir, destruir, exterminar, faltar, fenecer, fin, gastar, íntegro, perecer, perfecto, terminar.

Total de veces que aparece en la Versión KJ: 91

Tiempo de Reflexión

Pregúntate: "¿Hay cosas en mi vida que amo más que al Señor?" Se honesto contigo mismo.

_____
_____
_____
_____
_____
_____
_____
_____
_____

¿Puedes comprometerte a poner al Señor en primer lugar en tu vida?

Oración de Arrepentimiento

Padre, te pido que me perdones de todos mis pecados, te agradezco que enviaste a tu Hijo a morir por mí y mis pecados y que Tu sangre perfecta fue derramada por mí para lavar y limpiar TODA mi iniquidad. Este día yo escojo ponerte a Tí primero en mi vida y perdonar a cada uno que ha pecado contra mí y me ha causado dolor. Yo desato perdón para cada uno (identifícalos), y yo libero todo dolor a ti Señor.

Te agradezco por sanar mi corazón, mi mente y mi cuerpo físico. Gracias por darme la gracia y habilidad de caminar en salvación real y libertad que está prometida para mí, Te pido Señor que completes la obra que has empezado en mí este día. ¡Te lo agradezco! En el nombre de Jesús, oro, Amén. **Juan 3:16.**

DIA 2

Tu Palabra he Escondido en mi Corazón

Salmo 119:9-16
BETH
(Se pronuncia "Bet")

¿Cómo puede el joven guardar puro su camino?
Guardando tu palabra.
Con todo mi corazón te he buscado;
no dejes que me desvíe de tus mandamientos.
En mi corazón he atesorado tu palabra,
para no pecar contra ti.
Bendito tú, oh Señor;
enséñame tus estatutos.
He contado con mis labios
de todas las ordenanzas de tu boca.
Me he gozado en el camino de tus testimonios,
más que en[c] todas las riquezas.
Meditaré en tus preceptos,
y consideraré tus caminos.
Me deleitaré en tus estatutos,
y no olvidaré tu palabra. (LBLA)

Yo estaba Determinada

Después de un corto tiempo que entregué mi vida al Señor Jesucristo, la mamá de nuestro Pastor me animó a leer la Biblia completa. Ella me dio un plan de un año para hacerlo. Así que empecé mi camino leyendo la Biblia en un año. Aunque me di cuenta que con los desafíos de la maternidad, con tres pequeños en casa y teniendo un trabajo de medio tiempo, no podía mantener mi lectura diaria. Me desanimé pero empezaba otra vez al inicio de cada Año Nuevo. Esto fue así por varios años. El 1 de enero yo empezaba, para marzo, yo estaba muy atrasada, y me rendía. Pero por el 3er. año, yo estaba determinada, me dije "No me importa que tan atrás esté, yo voy a terminar lo que empecé!" Bueno, no terminé en un año, pero no me rendí, me tomó 3 años leerla completa desde el inicio hasta el final.

Dios me dió un amor por Su Palabra durante este tiempo de mi vida. ¡Tomando el tiempo para esconderla en mi corazón llegó a ser muy transformadora! Mi falta de educación no importó ya que dejé que la Palabra de Dios me transformara.

Yo genuinamente creo que si escondes la Palabra de Dios en tu corazón y meditas en Sus promesas continuamente, El te mantendrá sin culpa. ¡El te cubrirá y hará que salgas en medio de cualquier circunstancia! Aún tomando lo que el enemigo ha querido para dañar tu vida y darle la vuelta, permitiéndote que lo uses como un testimonio para aquellos que lo escucharán.

Escrituras de Apoyo (NVI)

2 Crónicas 15:15 *Todos los de Judá se alegraron de haber hecho este juramento, porque lo habían hecho de todo corazón y habían buscado al Señor con voluntad sincera, y él se había dejado hallar de ellos y les había concedido vivir en paz con las naciones vecinas.*

Salmos 37:30-31 *La boca del justo imparte sabiduría, y su lengua emite justicia. La ley de Dios está en su corazón, y sus pies jamás resbalan.*

Salmo 34:11 *Vengan, hijos míos, y escúchenme, que voy a enseñarles* **el temor del Señor.**

Salmos 1:1-3 *Dichoso el hombre que no sigue el consejo de los malvados, ni se detiene en la senda de los pecadores ni cultiva la amistad de los blasfemos, sino que en la ley del Señor se deleita, y día y noche* **medita** *en ella. Es como el árbol plantado a la orilla de un río que, cuando llega su tiempo, da fruto y sus hojas jamás se marchitan. ¡Todo cuanto hace prospera!*

Definición de la Palabras Clave

Escondido: Oculto, puesto en secreto, invisible.

Concordancia Strong: H6845 (tsafán) raíz primaria; esconder (por tapar); por implicación. acaparar o reservar; figurativamente negar; especialmente (favorablemente) de proteger, (desfavorablemente) acechar:- acechar, contender, cubierta, encubrir, esconder, faltar, guardar, lazo, mandar, ocultar, oculto, pretender, protegido, refrenar, secreto.

Total de veces que aparece en la Versión KJ: 32

Tiempo de Reflexión

Pregúntate: ¿En qué paso más tiempo pensando? ¿Y qué pensamientos en mi vida necesito cambiar?

_____
_____
_____
_____
_____
_____
_____
_____
_____
_____

Puede comprometer tu mente a pensar diferente y hacer como David hizo, centrándose y alabando al Señor 7 veces al día? **Salmos 110:164**

Oración de Confesión

Padre, confieso que te necesito a Ti, Tú eres mi Señor, yo creo con todo mi corazón que Tú moriste for mis pecados y resucitaste y ahora estás sentado a la diestra del Padre. Este día yo elijo caminar hacia mi salvación compartiendo lo que Tú has hecho por mí. Te pido que me des la habilidad de expresar Tu corazón con otros para que ellos vean quien eres Tú y puedan experimentar un auténtico toque de Tu Espíritu. En tu precioso Nombre, Jesús, Amén. **Romanos 10:9-10**

DIA 3

Oración para Quitar el Oprobio y el Desprecio

Salmo 119:17-24
GIMEL
(Se pronuncia "Guímel")

Haz bien a tu siervo; que viva,
Y guarde tu palabra.
Abre mis ojos, y miraré
Las maravillas de tu ley.
Forastero soy yo en la tierra;
No encubras de mí tus mandamientos.
Quebrantada está mi alma de desear
Tus juicios en todo tiempo.
Reprendiste a los soberbios, los malditos,
Que se desvían de tus mandamientos.
Aparta de mí el oprobio y el menosprecio,
Porque tus testimonios he guardado.
Príncipes también se sentaron y hablaron contra mí;
Mas tu siervo **meditaba** en tus estatutos,
Pues tus testimonios son mis delicias
Y mis consejeros. (RV 1960)

La Botella de Cerveza

Cuando yo era estudiante de primer año en la escuela secundaria que yo asistía, había una muchacha a quien yo no le agradaba y quería pegarme. Yo no podía entender por qué, yo no la conocía a ella; a mí me habían transferido al área y no conocía a nadie. En mi temor, le pregunté a mi tío (una forma moderna ilegal). "Qué hago?" Su respuesta fue: "Levanta una botella de cerveza, ella no te tocará" ... bueno, ese no fue el caso. Yo levanté una botella cuando ella vino hacia mí. En respuesta a haber sido golpeada en la cara, yo la golpeé a ella en la cabeza. Cuando llegó la policía, yo les expliqué que ella me pegó primero y que yo estaba defendiéndome. A ella la llevaron al hospital; a mí me llevaron a la casa de menores de edad. Ella sufrió una conmoción cerebral y yo fui aislada por 3 días.

Después de 3 días me dieron arresto domiciliario con un brazalete en mi tobillo y una fecha para ir a la Corte. La otra chica salió del hospital al siguiente día y estaba bien. ¡Gracias Señor Jesús!

Cuando fui a la Corte, yo fui acusada de asalto con un arma mortal. Pero, como no tenía antecedentes de este tipo de crimen, me dieron 3 años de libertad condicional. En un año fui liberada de mi libertad condicional y esta ofensa es ahora encontrada en mi historia. ¡Dios quitó este oprobio y desprecio que pudo haberme seguido!

Cuando reflexiono en mi vida antes de rendirme al Señorío de Jesucristo, veo que Su gracia estuvo allí. Es tan asombroso para mí pensar que mientras yo era una pecadora, él murió por mí para lavarme, expiándome de todo mi pecado y vergüenza.

Escrituras de Apoyo

Salmo 116:7 *¡Ya puedes, alma mía, estar tranquila, que el Señor ha sido bueno contigo!*

Salmo 39:12 *Señor, escucha mi oración, atiende a mi clamor; no cierres tus oídos a mi llanto. Ante ti soy un extraño, un peregrino, como todos mis antepasados.*

Hebreos 11:13 *Todos ellos vivieron por la fe, y murieron sin haber recibido las cosas prometidas; más bien, las reconocieron a lo lejos, y confesaron que eran extranjeros y peregrinos en la tierra.*

Salmo 42:1-2 *Cual ciervo jadeante en busca del agua, así te busca, oh Dios, todo mi ser. Tengo sed de Dios, del Dios de la vida. ¿Cuándo podré presentarme ante Dios?*

Salmo 63:1 *Oh Dios, tú eres mi Dios; yo te busco intensamente. Mi alma tiene sed de ti; todo mi ser te anhela, cual tierra seca, extenuada y sedienta.*

Salmo 84:2 *Anhelo con el alma los atrios del Señor; casi agonizo por estar en ellos. Con el corazón, con todo el cuerpo, canto alegre al Dios de la vida.*

Salmo 39:8 *Líbrame de todas mis transgresiones. Que los necios no se burlen de mí.*

Definición de la Palabra Clave

Oprobio:

1) Censura (censura significa: el acto de culpar o encontrar fallas) mezclado con desprecio o burla; lenguaje ofensivo, injurioso hacia cualquier persona; reflexiones abusivas; como reproche malhablado injurioso.

2) Vergüenza: Infamia, desgracia. (No des tu heredad al oprobio. Joel 2, Isaías 5).

3) Objeto de desprecio, desden o burla.

4) Eso que es la causa de vergüenza o desgracia. (Génesis 30).

Concordancia Strong: H2781 (kjerpá) de H2778; contumelia, desgracia, las partes pudendas:- abominación, afrenta, -ar, baldón, denuesto, deshonra, escarnio, infamia, injuriar, oprobio, reproche, vergonzoso, vergüenza.

Total de apariciones en la Versión KJ: 73

Desprecio:

1) El acto de despreciar: el acto de ver o considerar y trata como mezquino, vil y sin valor, desdén; odio a lo que es malo o se considera vil. Esta palabra es una de las expresiones más fuertes de una opinión mezquina que ofrece el idioma.

2) El estado de ser despreciado, de donde en un sentido escritural, vergüenza, deshonra. (Algunos despertarán al desprecio eterno. Daniel 12)

3) En derecho, la desobediencia de las reglas y órdenes de un tribunal, que es un delito punible.

Concordancia Strong: H937 (buz) de H936; faltar al respeto:- despreciar, menospreciar, avergonzar.

Total de veces que aparece en la Versión KJ: 11

Tiempo de Reflexión

¿Hay lugares en mi vida que necesitan cambiar? Enuméralos y escribe un plan de cómo se vería.

_____
_____
_____
_____
_____
_____
_____
_____
_____
_____
_____
_____
_____

Oración por Liberación

Padre, te pido que me perdones por todo mi orgullo, arrogancia y rebelión. Que me liberes de todo lo que no te agrada Ti. ¡No hay nada bueno en mi carne! Oro por Tu sanidad y liberación. Quita todo lugar perverso de mi corazón. El enemigo de mi alma buscaría destruirme de adentro hacia afuera. Te pido que me des un corazón limpio que limpies mi mente de recuerdos que me atormentan y dame paz. Este día elijo para amarte con todo mi corazón. En el nombre de Jesús, Amen. **Salmo 51:1**

DIA 4

Revíveme Conforme a Tu Palabra

Salmo 119:25-32
DALET
(Se pronuncia "Dálet")

Abatida hasta el polvo está mi alma;
Vivifícame según tu palabra.
Te he manifestado mis caminos, y me has respondido;
Enséñame tus estatutos.
Hazme entender el camino de tus mandamientos,
Para que **medite** en tus maravillas.
Se deshace mi alma de ansiedad;
Susténtame según tu palabra.
Aparta de mí el camino de la mentira,
Y en tu misericordia concédeme tu ley.
Escogí el camino de la verdad;
He puesto tus juicios delante de mí.
Me he apegado a tus testimonios;
Oh Jehová, no me avergüences.
Por el camino de tus mandamientos correré,
Cuando ensanches mi corazón. (RV1960)

Una Adolescente Rebelde

Yo era una adolescente rebelde. Mis padres se divorciaron cuando yo tenía 4 años de edad y a los 7 años mi hermana y yo nos fuimos a vivir con nuestro padre. No tengo muchos recuerdos de mi vida antes de eso, solamente de caminar desde la escuela a mi casa sin supervisión y estar sola cuidando a mi hermana menor.

Nunca entendí a dónde había ido mi mamá hasta que fui mayor. Verás, mi mamá era de solamente 15 años cuando quedó embarazada de mí, se convirtió en madre a la edad de 16. Yo supe mucho tiempo después que ella decidió escapar y unirse al carnaval y viajar de ciudad en ciudad y de estado en estado. Mi pensamiento fue que en el fondo ella estaba tratando de encontrar algo que estaba perdido.

Tuve un deseo sincero de regresar a vivir con ella cuando yo tenía 12 años, me dijeron, si llamas a tu tía, ella vendrá a recogerte y podrás vivir con tu mamá. Así que un día hice eso, me escapé de mi papá y mi hermana pequeña para ir a vivir con mi mamá.

A partir de ese momento decidí que si quería un cambio, todo lo que tenía que hacer era huir. Me convertí en una persona que huía, no quería permanecer en clase, me iría. No me gustaban las reglas en casa, me iría y pasaría fuera toda la noche. No me gustaba el trabajo, renunciaría.

Empecé con algunos hábitos terribles en mi vida, dejé la escuela secundaria y empecé a consumir drogas, bebiendo incontrolablemente y siempre huyendo de mis problemas. Y esto continuó hasta que me entregué al Señor Jesucristo el 2 de junio de 1986.

Escrituras de Apoyo

Salmo 143:11-12 *Por tu nombre, Señor, dame vida; por tu justicia, sácame de este aprieto. Por tu gran amor, destruye a mis enemigos; acaba con todos mis adversarios. ¡Yo soy tu siervo!*

Salmo 25:4-5 *Señor, hazme conocer tus caminos; muéstrame tus sendas. Encamíname en tu verdad, ¡enséñame! Tú eres mi Dios y Salvador; ¡en ti pongo mi esperanza todo el día! (Salmos 27:11, Salmos 86:11)*

Salmo 145: 5-6 *Se hablará del esplendor de tu gloria y majestad, y yo meditaré en tus obras maravillosas. Se hablará del poder de tus portentos, y yo anunciaré la grandeza de tus obras.*

1 de Reyes 4:29 *Dios le dio a Salomón sabiduría e inteligencia extraordinarias; sus conocimientos eran tan vastos como la arena que está a la orilla del mar.*

Isaías 60:5 *Verás esto y te pondrás radiante de alegría; vibrará tu corazón y se henchirá de gozo; porque te traerán los tesoros del mar, y te llegarán las riquezas de las naciones.*

2 Corintios 6:11-14 *Hermanos corintios, les hemos hablado con toda franqueza; les hemos abierto de par en par nuestro corazón. Nunca les hemos negado nuestro afecto, pero ustedes sí nos niegan el suyo. Para corresponder del mismo modo —les hablo como si fueran mis hijos—, ¡abran también su corazón de par en par! iNo formen yunta con los incrédulos. ¿Qué tienen en común la justicia y la maldad? ¿O qué comunión puede tener la luz con la oscuridad?*

Definición de la Palabra Clave

Revivir: Traer nuevamente a la vida; reanimar.

2) Levantar de languidez, (…) depresión o desánimo, levantarse, como, revivir los espíritus o coraje.

3) Renovar; entrar en acción después de una suspensión; revivir un proyecto o esquema que había sido abandonado.

4) Renovar en la mente o en la memoria; recordar.
La mente tiene el poder en muchos casos de revivir ideas o percepciones, que algún vez tuvo.
Locke.

5) Recuperarse de un estado de negligencia o depresión; como, revivir letras o aprendizaje.

6) Reconfortar; avivar; para refrescarse con alegría o esperanza.

7) Para volver a llamar la atención

Concordancia Strong: H2421 (definición de acelerar; la NKJV cambió a revivir) chayah raíz primaria [Compárese con H2331, H2421]; vivir, sea literalmente o figurativamente; causativo revivir:- avivar, conservar, criar, dar, dejar, guardar, infundir, ir, mantener, otorgar, preservar, quedar, reanimar, resucitar, revivir, salvar, sanar, vida, vivificar, vivir, vivo.

Total de veces que aparece en la Versión KJ: 26

Tiempo de Reflexión

Hay algún lugar en mi vida que necesite ser revivido y volverlo a traer a la Vida?

_____
_____
_____
_____
_____
_____
_____
_____
_____
_____
_____
_____

Oración por el Cambio

Padre, te pido que sanes mi mente de tal manera que Tú me des la habilidad de pensar diferente. Te pido que cambies mi mente y me ayudes a pensar en los pensamientos que Tú tienes para mí. Te pido que Tú remuevas de mí toda mentira y toda forma de engaño. Si he engañado o he sido engañado, te pido con todo mi corazón que lo alejes de mí! Te agradezco que los pensamientos que Tú tienes para mí son para darme una esperanza y un futuro. Por favor déjame verlo, en el poderoso Nombre de Jesus! Amen. **Jeremías 29:11**

DIA 5

Revíveme en tu Camino

Salmo 119:33-40
HEH
(Se pronuncia "He")

Enséñame, Señor, a seguir tus **decretos,**
y los cumpliré hasta el fin.
Dame entendimiento para seguir tu ley,
y la cumpliré de todo corazón.
Dirígeme por la senda de tus mandamientos,
porque en ella encuentro mi solaz.
Inclina mi corazón hacia tus estatutos
y no hacia las ganancias desmedidas.
Aparta mi vista de cosas vanas,
dame vida conforme a tu palabra.
Confirma tu promesa a este siervo,
como lo has hecho con los que te temen.
Líbrame del oprobio que me aterra,
porque tus juicios son buenos.
¡Yo amo tus **preceptos!**
¡Dame vida conforme a tu justicia! (NVI)

Influenciada por Otros

¡Aprendiendo a vivir una vida entregada no fue fácil! Verás, me enseñaron a huir cuando quieres que las cosas cambien. Había creado malos hábitos de escapar de situaciones cuando no me salía con la mía. Empecé a experimentar drogas a la edad de 12 años. Cuando tenía 14, empecé a beber alcohol, lo que me llevó a un camino de promiscuidad sexual.

Cuando tenía 16 años, quedé embarazada. Pensé que estaba lista para la maternidad, mi novio y yo decidimos mudarnos con mi padre. Entonces un día, a mi novio le ofrecieron un trabajo fuera de la ciudad y me dejó sola en la casa de mi padre en High Desert de California. Me sentí abandonada (otra vez), sola, y sin saber qué hacer, así que llamé a mi mamá en Bakersfield y regresé a vivir con ella.

Fuimos influenciados por muchas voces que decían "Están muy jóvenes". "¿Cómo van a cuidar a su hijo?" "No pueden cuidar de ustedes mismos, cómo van a cuidar de un bebé?" En 2 semanas mi novio y yo tomamos la decisión de abortar a nuestro bebé, yo todavía recuerdo muy bien ese día. Yo estaba devastada, quería a mi bebe pero siendo influenciada que esto era lo mejor para mi vida, siendo tan joven.

No tenía idea de lo que esa decisión haría en mí por muchos años venideros. Se convirtió en un tormento viviente que nunca se detendría. El alcohol no pudo quitarme el dolor y el vacío que tenía. Tenía un agujero horrible en mi corazón que nunca podía llenarse. Me llené con enojo, temor, rechazo, abandono, inseguridad y mucho más. Empecé a a culpar a otros por la decisión que había tomado.

Tres años más tarde estaba enfrentando estar embarazada otra vez. ¡Yo no lo podía creer! Tú pensarías que ya había aprendido. La única cosa que era diferente esta vez era que aunque yo todavía era joven, yo sabía que yo quería tener a mi bebé. Mi novio entonces me dice... "Si tu abortas este niño todavía podemos ser amigos." Yo sabía sin sombra de duda que no necesitaba un amigo así. Yo escogí mantener a mi bebé y darlo a luz sin su padre biológico en nuestras vidas. No puedo decir que tener un bebé sin el apoyo de un padre es el camino a seguir. Pero yo sabía que no podía aumentar el tormento que ya estaba viviendo.

Me convertí en una madre soltera a la edad de 19 años y tuve un bebé varón perfectamente saludable, 8 libras y 5 onzas, 21 pulgadas de alto. La madre del padre biológico de mi hijo me ayudó financieramente a pagar la cuenta del hospital. (Pero dijo, "Por favor no le digas a nadie"). Descubrí que no era la única que cargaba con la vergüenza de las decisiones que había tomado.

Estaba muy agradecida por el apoyo de mi familia durante este tiempo, tías y tíos me dieron el ánimo para continuar y hacer los cambios necesarios para no rendirme. Mi tía Connie me permitió vivir con ellos mientras estaba embarazada y me dijo "Tonja, todos piensan que vas a fracasar, pruébales que están equivocados!" (¡Gracias tía Connie!). Yo creo que ha de haber sido lo irlandés en mí, tal vez lo alemán, pero ese día, yo establecí un curso para hacer justo eso, probarles a ellos que estaban equivocados. Yo pronto me di cuenta que no podía hacer esto sin la ayuda del Señor Jesucristo.

Escrituras de Apoyo (NVI)

Apocalipsis 2:26 *Al que salga vencedor y cumpla mi voluntad hasta el fin, le daré autoridad sobre las naciones.*

Proverbios 2:6 Porque *el Señor da la sabiduría; conocimiento y ciencia brotan de sus labios.*

Santiago 1:5 *Si a alguno de ustedes le falta sabiduría, pídasela a Dios, y él se la dará, pues Dios da a todos generosamente sin menospreciar a nadie.*

Marcos 7:14-23 De *nuevo Jesús llamó a la multitud.—Escúchenme todos —dijo— y entiendan esto: Nada de lo que viene de afuera puede contaminar a una persona. Más bien, lo que sale de la persona es lo que la contamina. Después de que dejó a la gente y entró en la casa, sus discípulos le preguntaron sobre la comparación que había hecho. —¿Tampoco ustedes pueden entenderlo? —les dijo—. ¿No se dan cuenta de que nada de lo que entra en una persona puede contaminarla? Porque no entra en su corazón, sino en su estómago, y después va a dar a la letrina. Con esto Jesús declaraba limpios todos los alimentos. Luego añadió: **—Lo que sale de la persona es lo que la contamina. Porque de adentro, del corazón humano, salen los malos pensamientos, la inmoralidad sexual, los robos, los homicidios, los adulterios, la avaricia, la maldad, el engaño, el libertinaje, la envidia, la calumnia, la arrogancia y la necedad. Todos estos males vienen de adentro y contaminan a la persona.***

Lucas 12:15 *¡Tengan cuidado! —advirtió a la gente—. Absténganse de toda avaricia; la vida de una persona no depende de la abundancia de sus bienes.*

Hebreos 13:5 *Manténganse libres del amor al dinero, y conténtense con lo que tienen, porque Dios ha dicho: «Nunca te dejaré; jamás te abandonaré.*

Definición de la Palabra Clave

Establecer:

1) Para establecer y fijar firmemente, establecerse permanentemente.

Y estableceré mi pacto con él para un pacto eterno. Génesis 17

2) Fundar permanentemente; erigir y fijar o establecer: como para establecer una colonia o un imperio.

3) Promulgar o decretar por autoridad y por permanencia; ordenar; nombrar; como, establecer leyes, regulaciones, instituciones, reglas, ordenanzas.

4) Resolver o arreglar; confirmar, como establecer a una persona, sociedad o corporación, en posesiones o privilegios.

5) Hacer firme; confirmar, ratificar lo que ha sido fijado o hecho previamente.

Hacemos nula la ley a través de la fe? Dios no lo quiera, nosotros establecemos la ley. Romanos 3

Concordancia Strong: H5650 ebed de H5647; siervo, sirviente:- cortesano, criado, esclavo, jornalero, servidor, servidumbre, sierva, siervo, sirviente.

Total de veces que aparece en la Versión KJ: 628

Tiempo de Reflexión

¿Hubo veces en mi vida que fui influenciado por otros para tomar decisiones en mi vida?

_____
_____
_____
_____
_____
_____
_____
_____
_____
_____

Oración de Compromiso

Padre, hoy, yo escojo ser responsable por las decisiones que he hecho en mi vida, y aún cuando como un niño yo he sido influenciado por otros, este día yo te agradezco a Tí por perdonarme de TODOS mis pecados. Ahora, te pido que me des la habilidad de hacer decisiones correctas basadas en Ti guiándome y liberándome de toda forma de temor. Te agradezco que no me has dado el espíritu de temor, sino de poder, amor y una mente sana. Este día, yo escojo seguir Tu voz y no la voz de nadie más. En el nombre de Jesús, Amén. **2 Timoteo 1:7**

DIA 6

Confío en tu Palabra

Salmo 119:41-48
MEV(WAW)
(Se pronuncia Vav)

Venga también a mí Tu misericordia, oh Señor,
Tu salvación, conforme a Tu palabra.
Así tendré respuesta para el que me afrenta,
Pues confío en Tu palabra.
No quites jamás de mi boca la palabra de verdad,
Porque yo espero en Tus ordenanzas.
Así que guardaré continuamente Tu ley,
Para siempre y eternamente.
Y andaré en libertad,
Porque busco Tus preceptos.
Hablaré también de Tus testimonios delante de reyes,
Y no me avergonzaré.
Me deleitaré en Tus mandamientos,
Los cuales amo.
Levantaré mis manos a Tus mandamientos,
Los cuales amo,
Y **meditaré** en Tus estatutos. (LBLA)

Sanidad Sobrenatural

Fue a mediados de los 90 y mi esposo había tomado un viaje ministerial mientras yo me quedé en casa con nuestros hijos. De repente me sentí abrumada con la emoción. Mis pensamientos eran irracionales y yo estaba muy irritable. Parecía que no podía controlar mis emociones; me sentía abandonada, rechazada y completamente sola. Ira irreprimible, amargura y resentimiento estaba generalizado en mi vida en los primeros años de mi matrimonio. Tanto, de hecho, que era incapaz de funcionar cuando esta ira surgía. Peleaba horriblemente con la depresión.

Cuando mi esposo regresó, se tomó el tiempo para orar conmigo; repentinamente un pozo de lágrimas sollozantes incontrolables corrían de lo más profundo de mi ser. No podía parar de llorar. Mientras mi esposo oraba por mí, me abrazó como un padre abrazaría a su hijita. El le pidió a nuestro Padre Celestial que revelara la raíz de mi profundo dolor. En un instante, el Señor abrió mis ojos espirituales y me dio una visión del cielo. Repentinamente, vi a una niñita con ojos azules y pelo rubio. Conforme veía más claro, ella se veía como mi madre y mi abuelo la estaba abrazando. Inmediatamente supe que era mi bebe, la que yo había abortado. Le pedí al Señor que me perdonara nuevamente. Verás, muchas veces me arrepentía de ese pecado una y otra vez pero nunca sentía que el perdón y la vergüenza fueran quitados. Pero ese momento fue diferente a cualquiera de los otros. Inmediatamente, sentí el perdón, sanidad y el amor incondicional del Señor. El me lavó de este horrible dolor y vergüenza. Al ver a mi hijita en los brazos de mi abuelo en el trono de de Dios me trajo una gran sanidad. Vi alegría y paz en mi hijita mientras mi abuelo la sostenía en sus brazos. ¡Quitó el dolor que había sido embotellado en mí durante más de 15 años!

El Señor no solamente me sanó del dolor que estaba envuelto en mi vergüenza sino que me liberó de la depresión que me ataba. Fui capaz de perdonarme, así como también a los demás. Me arrepentí de la falta de perdón empezando conmigo misma. Mientras hacía esto, el Señor empezó a mostrarme los lugares de amargura y resentimiento que había abrazado tan fuertemente y que no había sido capaz de soltar. El Señor me mostró que el ciclo de estos tres juntos, la falta de perdón, amargura y resentimiento fueron los que crearon la disfunción en mi vida. Estas tres mentiras me inhabilitaron y me impidieron funcionar normalmente. Literalmente no era capaz de salir de mi cama, o del sofá. Estaba en una completa DISFUNCION.

Desde ese día, he tenido la oportunidad de compartir este testimonio con cientos de mujeres y oro para que muchas sean sanadas de este mismo tipo de dolor. Cada vez que oraba, tenía el maravilloso placer de ver a nuestro Padre celestial tocar a cada una en una manera única y restaurar los lugares profundos de sus corazones. En Apocalipsis 12:11 dice: "Ellos lo vencieron por medio de la sangre del Cordero y por la palabra del testimonio de ellos,"

Escrituras de Apoyo (NVI)

Proverbios 4:10-13 *Oye, hijo mío, y recibe mis razones, Y se te multiplicarán años de vida. Por el camino de la sabiduría te he encaminado, Y por veredas derechas te he hecho andar. Cuando anduvieres, no se estrecharán tus pasos, Y si corrieres, no tropezarás. Retén el consejo, no lo dejes; Guárdalo, porque eso es tu vida.*

Mateo 10:16-20. He aquí, yo os envío como a ovejas en medio de lobos; sed, pues, prudentes como serpientes, y sencillos como palomas. Y guardaos de los hombres, porque os entregarán a los concilios, y en sus sinagogas os azotarán; y aun ante gobernadores y reyes seréis llevados por causa de mí, para testimonio a ellos y a los gentiles. Mas cuando os entreguen, no os preocupéis por cómo o qué hablaréis; porque en aquella hora os será dado lo que habéis de hablar. Porque no sois vosotros los que habláis, sino el Espíritu de vuestro Padre que habla en vosotros.

Definición de la Palabra Clave

Confiar: Confianza; confiar o descanso de la mente en la integridad, veracidad, justicia, amistad u otro principio sólido de otra persona.
(El que pone su confianza en el Señor estará a salvo. Proverbios: 29)

Concordancia Strong: H982 (batakj) raíz primaria; propiamente apresurarse a refugiarse [pero no tan precipitadamente como H2620]; figurativamente confiar, confiado, o seguro:- apoyar, asegurar, confiado, confianza, confiar, esperanza, (hacer) esperar, favorable, fiar, seguro, tranquilo.

Total de veces que aparece en la Versión KJ: 120

Tiempo de Reflexión

¿Hay personas que han estado en mi vida que necesito perdonar? (Incluyéndote a ti mismo)

_____
_____
_____
_____
_____
_____
_____

¿Podría haber un lugar de amargura o resentimiento que reenvía información una y otra vez a tu mente que necesita ser eliminada y arrepentirte de ella? (*¡Si quieres romper un hábito en tu vida, debes cambiar y hacer las cosas diferentes!).*

_____
_____
_____
_____
_____
_____
_____
_____

Oración de Confianza

Padre, este día yo escojo perdonar a otros y a mí mismo. ¡Escojo confiar en Ti! He decidido seguir Tu voz y no la voz de un extraño. Ayúdame a saber quien eres Tú. Hazme ver con Tus ojos, con Tu corazón, y a amar, perdonar y a vivir mi vida en la libertad que Tú me has dado. ¡Te amo, Jesús! Te pido que me hagas sensible a los suaves empujones de tu Espíritu Santo y que Tú me conducirás y guiarás en cada paso del camino. En el nombre de Jesús yo oro, Amen. **1 Juan 1:9**

DIA 7

Tu Palabra me ha dado Vida

Salmos 119:49-56
ZAYIN
(Se pronuncia Zain)

Acuérdate de la palabra dada a tu siervo,
En la cual me has hecho esperar.
Ella es mi consuelo en mi aflicción,
Porque tu dicho me ha vivificado.
Los soberbios se burlaron mucho de mí,
Mas no me he apartado de tu ley.
Me acordé, oh Jehová, de tus juicios antiguos, Y me consolé.
Horror se apoderó de mí a causa de los inicuos
Que dejan tu ley.
Cánticos fueron para mí tus estatutos
En la casa en donde fui extranjero.
Me acordé en la noche de tu nombre, oh Jehová,
Y guardé tu ley.
Estas bendiciones tuve
Porque guardé tus mandamientos. (RV1960)

Nunca he Caminado Sola

Conforme crecía en mi fe, aprendí a sumergirme (adorar) en la Presencia del Señor. Me levantaba todas las mañanas y me encontraba con EL en mi sala. Había creado un altar espiritual justo frente a nuestra televisión (estaba apagada la mayor parte del tiempo). Algunos días yo estaba allí por horas. Mis amigas venían y nos sumergíamos y orábamos. Mis hijas venían y bajaban las gradas y se sumergían y adoraban. Creamos una piscina espiritual justo en el centro de nuestra sala. La presencia de Dios traía sanidad, vida y gozo. Cuando teníamos reuniones de oración, el Señor respondía sin demora. Nos encontramos muchas veces, con respuestas inmediatas a la oración y visitaciones asombrosas.

Después de varios años de que esto sucediera, mi esposo estaba empezando a sentirse un poco frustrado conmigo. No por la oración, sino que los quehaceres domésticos no se estaban cumpliendo a su gusto. Los platos se amontonaban, la ropa se desbordaba, nuestra casa estaba estaba completamente fuera de orden. Así que hice lo mejor para empezar a cambiar, con oración/sumergiéndome menos y cumplir mi trabajo doméstico; lavar ropa, cocinar y lavar los platos más.

Unas pocas semanas después, mientras lavaba los platos y veía por la ventana de mi cocina, el Señor me habló claro y alto, "Tonja no puedes vivir aquí, pero quiero que te quedes". Mi respuesta fue, "De acuerdo Señor", pero en realidad no comprendí lo que me dijo. Reflexioné en mi corazón durante semanas, incluso meses, repitiéndolo una y otra vez en mi mente; estaba desconsolada. ¿Quería que yo lo dejara a El y a Su Presencia? ¡Esta era la última cosa que yo quería hacer!

Entonces, un día lo entendí. El me estaba diciendo que no podía vivir sobre mi cara todos los días, pero a medida que realizaba mis tareas domésticas y responsabilidades, podría permanecer en Su Presencia continuamente. !Ese día fue muy liberador para mí! ¡La revelación y el entendimiento de que podía permanecer en la Presencia de Dios en cada momento de cada día fue como tomar un soplo de aire fresco de una liberación increíble!

La libertad de permanecer en Su Presencia dondequiera que fuera me hizo saltar a la siguiente etapa de mi vida. Ahora sabía que podía acceder a El dondequiera que estuviera y dondequiera que fuera, como un mejor amigo que nunca me deja ni me abandona.

El me ha enseñado que aunque camino por los valles, y aún por lugares muy difíciles, nunca he caminado sola. El siempre está conmigo donde quiera que vaya.

Escrituras de Apoyo (RV1960)

Romanos 15:4-6: *Porque las cosas que se escribieron antes, para nuestra enseñanza se escribieron, a fin de que por la paciencia y la consolación de las Escrituras, tengamos esperanza. Pero el Dios de la paciencia y de la consolación os dé entre vosotros un mismo sentir según Cristo Jesús, para que unánimes, a una voz, glorifiquéis al Dios y Padre de nuestro Señor Jesucristo.*

Salmos 63: *Dios, Dios mío eres tú; De madrugada te buscaré; Mi alma tiene sed de ti, mi carne te anhela, En tierra seca y árida donde no hay aguas, Para ver tu poder y tu gloria, Así como te he mirado en el santuario.*

Porque mejor es tu misericordia que la vida; Mis labios te alabarán. Así te bendeciré en mi vida; En tu nombre alzaré mis manos. Como de meollo y de grosura será saciada mi alma, Y con labios de júbilo te alabará mi boca.

Cuando me acuerde de ti en mi lecho, Cuando medite en ti en las vigilias de la noche. Porque has sido mi socorro, Y así en la sombra de tus alas me regocijaré. Está mi alma apegada a ti; Tu diestra me ha sostenido.

Pero los que para destrucción buscaron mi alma Caerán en los sitios bajos de la tierra. Los destruirán a filo de espada; Serán porción de los chacales.

Pero el rey se alegrará en Dios; Será alabado cualquiera que jura por él; Porque la boca de los que hablan mentira será cerrada.

Definición de la Palabra Clave

Vida: El estado presente de existencia; el tiempo desde el nacimiento a la muerte. La vida del hombre rara vez excede los setenta años.

Si en esta vida solamente esperamos en Cristo, somos los más dignos de conmiseración de todos los hombres. 1 Corintios 15

Concordancia Strong: H2421 chayah raíz primaria [Compárese con H2331, H2421]; *vivir,* sea literalmente o figurativamente; causativo *revivir:-* avivar, conservar, criar, dar, dejar, guardar, infundir, ir, mantener, otorgar, preservar, quedar, reanimar, resucitar, revivir, salvar, sanar, vida, vivificar, vivir, vivo.

Total de veces que aparece en la Versión KJ: 264

Tiempo de Reflexión

¿Cómo es mi tiempo de devocional diario?

Escribe algunas formas en las que puedes vivir una vida de Adoración.

_____
_____
_____
_____
_____
_____
_____
_____
_____

Oración para el Día

Padre, te pido que Tú permitas que mi vida sea agradable en todo lo que haga y diga. Oro hoy y te pido que pongas un guardia en mi boca, para que no peque contra Ti. Te pido que me guíes en la plenitud de lo que Tú eres.

Me pongo toda **la armadura de Dios**, de pie, **ceñida mi cintura con la Verdad**, vistiéndome con **la coraza de justicia**, y **calzando mis pies con paz**. Tomo el **escudo de la fe** para poder apagar todo dardo de fuego del enemigo. Y me pongo **el yelmo de salvación**, y tomo **la Espada del Espíritu**, que es la Palabra de Dios.

¡Ayúdame a estar alerta en medio de una generación perversa!

Efesios 6:10-18

DIA 8

El Señor es Mi Porción

Salmos 119:57-64
KHET
(Se pronuncia "Jet")

El Señor es mi porción;
he prometido guardar tus palabras.
Supliqué tu favor con todo mi corazón;
ten piedad de mí conforme a tu promesa.
Consideré mis caminos,
y volví mis pasos a tus testimonios.
Me apresuré y no me tardé
en guardar tus mandamientos.
Los lazos de los impíos me han rodeado,
mas no me he olvidado de tu ley.
A medianoche me levantaré para darte gracias
por tus justas ordenanzas.
Compañero soy de todos los que te temen,
y de los que guardan tus preceptos.
La tierra, oh Señor, está llena de tu misericordia;
enséñame tus estatutos. (LBLA)

Apenas lo Logré

Era 1995; todavía estaba dormida pero lentamente despertaba. Mientras despertaba, comencé a verme caminando por un largo camino de tierra. Mientras me miraba, mi ropa estaba rasgada de pies a cabeza. Estaba ensangrentada como golpeada e intentaba caminar recto, pero con todas mis fuerzas, apenas lo estaba logrando. De repente miré hacia arriba y vi una puerta vieja y resistente rodeada de hiedra cubierta de maleza, tanto que, de hecho, casi no podía ver la manija de la puerta. Tan pronto como reconocí la puerta, me dieron nuevas fuerzas para llegar a la manija, pero antes de tocarla, se abrió. Vi brillar una luz gloriosa; era el Señor, mi precioso Jesús. Me miró e inmediatamente me dio un vestido nuevo y fresco de color blanco puro. Instantáneamente yo estaba limpia y todo el dolor se había ido.

Cuando desperté de lo que pensé que era un sueño, pero luego me di cuenta de que era una visión. Medité sobre lo que vi y una cosa que seguí procesando incluso hasta el día de hoy es: Apenas estaba llegando a la puerta. "¡APENAS LO LOGRÉ!".

Comencé a buscar en las Escrituras tratando de encontrar algo para confirmar esta visión y encontré Mateo 7:14: Porque estrecha es la puerta, y *angosto* el camino que lleva a la vida, y pocos son los que la hallan. Entonces me di cuenta de que ser cristiano era más que simplemente leer la Biblia a mis hijos e ir a los servicios dos veces por semana. Llegué a descubrir que era aprender a perdonar cuando los más cercanos te traicionan. Aprendí que no podía permitir que las acciones de los demás me impidieran llegar a ser como Jesús.

Ahora es 2018, y he experimentado muchas dificultades en mi vida, y he tenido millones de oportunidades para perdonar y perdonar nuevamente. Aprender a vivir una vida de entrega no ha sido fácil; de hecho, ha sido doloroso. Sigo recordándome que debo mantener mi enfoque en el Señor. Para mantener mis ojos levantados y puestos en El. Sabiendo que EL me sacará de cada circunstancia y cada dolor. Cada dolor fue lavado cuando LO CONTEMPLÉ.

Escrituras de Apoyo (NVI)

Numbers 18:20 *El Señor le dijo a Aarón: Tú no tendrás herencia en el país, ni recibirás ninguna porción de tierra, porque yo soy tu porción; yo soy tu herencia entre los israelitas.*

Salmo 16:5-11 *Tú, Señor, eres mi porción y mi copa; eres tú quien ha afirmado mi suerte. Bellos lugares me han tocado en suerte; ¡preciosa herencia me ha correspondido! Bendeciré al Señor, que me aconseja; aun de noche me reprende mi conciencia. Siempre tengo presente al Señor; con él a mi derecha, nada me hará caer. Por eso mi corazón se alegra, y se regocijan mis entrañas; todo mi ser se llena de confianza. No dejarás que mi vida termine en el sepulcro; no permitirás que sufra corrupción tu siervo fiel. Me has dado a conocer la senda de la vida; me llenarás de alegría en tu presencia, y de dicha eterna a tu derecha.*

Jeremías 10:6 *¡No hay nadie como tú, Señor! ¡Grande eres tú, y grande y poderoso es tu nombre!*

Lamentaciones 3:22-26 *El gran amor del Señor nunca se acaba, y su compasión jamás se agota. Cada mañana se renuevan sus bondades; ¡muy grande es su fidelidad! Por tanto, digo: El Señor es todo lo que tengo. ¡En él esperaré! Bueno es el Señor con quienes en él confían, con todos los que lo buscan. Bueno es esperar calladamente que el Señor venga a salvarnos.*

Lucas 15:17-18 *Por fin recapacitó y se dijo: "¡Cuántos jornaleros de mi padre tienen comida de sobra, y yo aquí me muero de* *hambre! Tengo que volver a mi padre y decirle: Papá, he pecado contra el cielo y contra ti.*

Hechos 16:25 *A eso de la medianoche, Pablo y Silas se pusieron a orar y a cantar himnos a Dios, y los otros presos los escuchaban.*

Salmo 33:4-5 *La palabra del Señor es justa; fieles son todas sus obras. El Señor ama la justicia y el derecho; llena está la tierra de su amor.*

Definición de la Palabra Clave:

Porción: Una parte de un todo; una cantidad, sección o una parte de algo.

Los sacerdotes tenían asignada una porción de Faraón. Génesis 47

Concordancia Strong: H2506 (kjélec) de H2505; propiamente suavidad (de la lengua); también porción asignada:- campo, galardón, hacienda, heredad, herencia, lisonja, parte, porción, ración.

Total de veces que aparece en la Versión KJ: 67

Tiempo de Reflexión

Identifica la bondad del Señor en tu vida. Escribe las bendiciones que has recibido.

_____
_____
_____
_____
_____
_____
_____
_____
_____
_____

Oración de Fe

Padre, te pido Fe hoy. ¡Esa Fe, para hablar a las montañas en mi vida para ser removidas! ¡Y cuando camino por lugares difíciles, escojo encontrar consuelo en Ti, el Autor y Consumador de Mi fe! No temeré lo que pueda hacerme el hombre, porque sé que Tú estás conmigo. Te pido que me des entendimiento de tu Palabra, déjame verte y sentirte en medio de las tormentas de la vida. Te agradezco que dijiste que Tú nunca me dejarías ni me abandonarías. Te doy gracias porque Tú eres mi ayuda muy presente y me das la fuerza para superar todos los obstáculos. **Salmo 23**

DIA 9

Guardaré tus Preceptos con Todo mi Corazón

Salmo 119:65-72
TET
(Se pronuncia "Tet")

Señor, tratas bien a tu siervo
conforme a tu palabra.
Impárteme conocimiento y buen juicio,
pues yo creo en tus mandamientos.
Antes de sufrir anduve descarriado,
pero ahora obedezco tu palabra.
Tú eres bueno, y haces el bien;
enséñame tus decretos.
Aunque los insolentes me difaman,
yo cumplo tus preceptos con todo el corazón.
El corazón de ellos es torpe e insensible,
pero yo me regocijo en tu ley.
Me hizo bien haber sido afligido,
porque así llegué a conocer tus decretos.
Para mí es más valiosa tu enseñanza
que millares de monedas de oro y plata.

Yo no era como la Mayoría de las Chicas

Acababa de llegar al departamento de mi niñera, Ken había estado trabajando en un lugar nuevo de construcción al otro lado de la calle, y se acercó cuando me vio llegar. Ni siquiera me había bajado del auto todavía, y abrió mi puerta, se arrodilló sobre una rodilla y me pidió que fuera su esposa. ¡Tenía tantas emociones corriendo por mi cuerpo al mismo tiempo! ¡El primer sentimiento fue miedo total! ¡El segundo fue una completa confusión, luego una abrumadora sensación de estar estupefacta! Sí, estupefacta, me sentí como un mudo, y no podía hablar. Quería decir que sí, pero tenía miedo, quería hablar, pero no sabía cómo comunicar todas las emociones que sentía. Era como si fuera a descorcharme y explotar por todo el estacionamiento. Sabía que tenía que responder, así que le pregunté si ¿podía decírselo al día siguiente?

Bueno, mañana llegó y necesitaba darle una respuesta a Ken. Todavía no sabía cómo responder. Elegí decir "No". Hasta el día de hoy no estoy muy segura de cómo salió de mi boca, pero ese miedo se había apoderado de mí de tal manera que no podía imaginar cómo podría ser su esposa. Verás, mis padres se divorciaron cuando yo tenía 4 años, y ambos se volvieron a casar 3 veces. Yo no quería casarme para solo divorciarme. Así que supe que sería de por vida cuando eligiera decir "SI ACEPTO".

La mayoría de las chicas empiezan a soñar con el día de su boda, a planificarla, a diseñar su vestido, pero yo no era como la mayoría de las chicas. No tenía idea de qué era ese tipo de sueño.

Nunca me había imaginado siendo una esposa. Entonces, cuando Ken me propuso matrimonio, se abrió un mundo completamente diferente de algo que ni siquiera comprendía. Verás, a lo largo de toda mi vida reboté de casa en en casa, tías y tíos, abuela y abuelos, y luego, cuando me convertí en adolescente, fue donde aterricé. Así que la seguridad de un esposo, una familia y un hogar propio ni siquiera era una categoría que pudiera comprender.

Todo lo que pude recordar de ese día fue la gran decepción por la que pasó Ken, su respuesta fue: "Bien entonces, si no vas a ser mi esposa, entonces no podemos estar juntos". ¡Ken había sido mi pastor de solteros, había orado para que yo fuera llena del Espíritu Santo, y fui liberada de las drogas sobrenaturalmente durante la noche! Él me había estado enseñando los caminos del Señor, y ahora de repente, "Si no vas a ser mi esposa, no podemos ser vistos juntos". Sentí que perdí a mi mejor amigo. Fui varios meses asistiendo a estudios bíblicos todavía, pero él se mantenía a distancia.

Entonces, un día, se dio cuenta de que lo estaba extrañando y me dijo, si vas a ser mi esposa, tendrás que pedirme que me case contigo. Sí, llegó el día y tuve que preguntarle si todavía me aceptaría ser su esposa. El dijo que sí. Más tarde me enteré que el quería decir que no. Creo que por orgullo y porque lo herí... pero no lo hizo.

Vivimos felices para siempre... NO... sin pruebas.

Escrituras de Apoyo (NVI)

Filipenses 1:9-11 Esto es lo que pido en oración: que el amor de ustedes abunde cada vez más en conocimiento y en buen juicio, para que disciernan lo que es mejor, y sean puros e irreprochables para el día de Cristo, llenos del fruto de justicia que se produce por medio de Jesucristo, para gloria y alabanza de Dios.

Proverbios 3:11 Hijo mío, no desprecies la disciplina del Señor, ni te ofendas por sus reprensiones.

Hebreos 12:5-12 Y ya han olvidado por completo las palabras de aliento que como a hijos se les dirigen:

"Hijo mío, no tomes a la ligera la disciplina del Señor ni te desanimes cuando te reprenda, porque el Señor disciplina a los que ama, y azota a todo el que recibe como hijo».

Lo que soportan es para su disciplina, pues Dios los está tratando como a hijos. ¿Qué hijo hay a quien el padre no disciplina? Si a ustedes se les deja sin la disciplina que todos reciben, entonces son bastardos y no hijos legítimos. Después de todo, aunque nuestros padres humanos nos disciplinaban, los respetábamos. ¿No hemos de someternos, con mayor razón, al Padre de los espíritus, para que vivamos? En efecto, nuestros padres nos disciplinaban por un breve tiempo, como mejor les parecía; pero Dios lo hace para nuestro bien, a fin de que participemos de su santidad. Ciertamente, ninguna disciplina, en el momento de recibirla, parece agradable, sino más bien penosa; sin embargo, después produce una cosecha de justicia y paz para quienes han sido entrenados por ella. Por tanto, renueven las fuerzas de sus manos cansadas y de sus rodillas debilitadas.

Salmo 106:1-3 *¡Aleluya! ¡Alabado sea el Señor! Den gracias al Señor, porque él es bueno; su gran amor perdura para siempre. ¿Quién puede proclamar las proezas del Señor, o expresar toda su alabanza? Dichosos los que practican la justicia y hacen siempre lo que es justo.*

Salmo 19:7-11 *La ley del Señor es perfecta: infunde nuevo aliento. El mandato del Señor es digno de confianza: da sabiduría al sencillo. Los preceptos del Señor son rectos: traen alegría al corazón. El mandamiento del Señor es claro: da luz a los ojos. El temor del Señor es puro: permanece para siempre. Las sentencias del Señor son verdaderas: todas ellas son justas. Son más deseables que el oro, más que mucho oro refinado; son más dulces que la miel, la miel que destila del panal. Por ellas queda advertido tu siervo; quien las obedece recibe una gran recompensa.*

Proverbios 8:10-21 *Opten por mi instrucción, no por la plata; por el conocimiento, no por el oro refinado. Vale más la sabiduría que las piedras preciosas, y ni lo más deseable se le compara. »Yo, la sabiduría, convivo con la prudencia y poseo conocimiento y discreción. Quien teme al Señor aborrece lo malo; yo aborrezco el orgullo y la arrogancia, la mala conducta y el lenguaje perverso. Míos son el consejo y el buen juicio; míos son el entendimiento y el poder. Por mí reinan los reyes y promulgan leyes justas los gobernantes. Por mí gobiernan los príncipes y todos los nobles que rigen la tierra. A los que me aman, les correspondo; a los que me buscan, me doy a conocer. Conmigo están las riquezas y la honra, la prosperidad y los bienes duraderos. Mi fruto es mejor que el oro fino;*

mi cosecha sobrepasa a la plata refinada. Voy por el camino de la rectitud, por los senderos de la justicia, enriqueciendo a los que me aman y acrecentando sus tesoros.

Definición de la Palabra Clave

Preceptos: En un sentido general, cualquier mandamiento u orden que tenga la intención de ser una regla autoritativa de acción; pero se aplica particularmente a los mandatos que respetan la conducta moral. Los Diez Mandamientos son tantos preceptos para la regulación de nuestra conducta moral.

Concordancia Strong: (piccúd); de H6485; propiamente nombrado, i.e. mandato (de Dios; solo plural colect. por la Ley):- mandamientos.

Total de veces que aparece en la Versión KJ: 24

Tiempo de Reflexión

¿Hay cosas en mi vida que me impiden vivir una vida de libertad? Toma el tiempo para liberar esos obstáculos al Señor, liberando verdaderamente el perdón en las áreas que se aplican y permite que el Espíritu Santo sane esos lugares. (No tengas prisa).

_____
_____
_____
_____
_____
_____
_____
_____
_____
_____

Oración por el Cambio

Padre, te pido que Tú cambies mi corazón, mi mente y mi espíritu. ¡Hazme como Tú! Sé que no puedo hacer esto con mis propias fuerzas, así que hoy te pido ayuda para hacer esto en Ti y por Tu Espíritu. Te agradezco que no hay nada imposible o tan difícil que Tú y yo no podamos enfrentar juntos. Guíame con Tu Voz apacible y delicada, para que yo pueda escucharte a Ti en todo momento. ¡Te agradezco que seré LIBRE para ser TODO lo que Tú me creaste para ser! En el Nombre de Jesús, oro, Amén. **1 Reyes 19:1**

DIA 10

Tu Ley es Mi Delicia

Salmo 119: 73-87
YUD
(Se pronuncia "Yod")

Con tus manos me creaste, me diste forma.
Dame entendimiento para aprender tus mandamientos.
Los que te honran se regocijan al verme,
porque he puesto mi esperanza en tu palabra.
Señor, yo sé que tus juicios son justos,
y que con justa razón me afliges.
Que sea tu gran amor mi consuelo,
conforme a la promesa que hiciste a tu siervo.
Que venga tu compasión a darme vida,
porque en tu ley me regocijo.
Sean avergonzados los insolentes que sin motivo me maltratan;
yo, por mi parte, **meditaré** en tus preceptos.
Que se reconcilien conmigo los que te temen,
los que conocen tus estatutos.
Sea mi corazón íntegro hacia tus decretos,
para que yo no sea avergonzado.

Yo no estoy Abandonada

Era 1964, mi mamá tenía 15 años y se enteró que estaba embarazada de mí. Estoy segura de que su mente estaba acelerada cuando comenzó a pensar en que su vida cambiaría drásticamente. Solo podía imaginar por lo que ella debía haber estado pasando. Allá por los años 60 era común ser despreciado e identificado como rechazado. Me dijeron que una hermosa familia mormona me adoptaría y a ella la acogería hasta que yo naciera. Cuando mi padre se dio cuenta de que ella estaba embarazada de su hijo, fue a buscarla y la convenció de que fuera su esposa y formaran una familia juntos.

Mi vida no fue una vida fácil, no empezó con el pie derecho, de hecho, seguí los pasos de mis padres de embarazo prematrimonial, no una, sino dos veces. Viví con el dolor (antes de Jesús) de no elegir quedarme con mi primer bebé. Pero para mi segundo hijo, mi vida cambió para siempre. Elegí quedarme con mi hijo; aunque no viví lo mismo que pasó mi mamá con el padre de su niño, queriendo engendrar a su hijo.

Ser madre soltera me hizo darme cuenta de que no podía ser una buena madre sin la ayuda de Dios. Quería criar a mi hijo en el Temor del Señor. No quería que él enfrentara las mismas cosas que yo hice. ¡Así que elegí entregar mi vida al Señorío de Jesucristo en total rendición a su voluntad para ambos!

Desearía que mi vida hubiera sido la de mejores opciones, especialmente como una adolescente. Pero de la elección que estoy tan agradecida de haber hecho fue la de dar a luz a mi hijo Ryan. Aún frente a la oposición y la presión financiera, el Señor nos guardó y no abandonó a ninguno de los dos!

Escrituras de Apoyo (NVI)

Job 10: 8-9 *Tú me hiciste con tus propias manos; tú me diste forma. ¿Vas ahora a cambiar de parecer y a ponerle fin a mi vida? Recuerda que tú me modelaste, como al barro; ¿vas ahora a devolverme al polvo?*

Salmo 139:15-16 *Mis huesos no te fueron desconocidos cuando en lo más recóndito era yo formado, cuando en lo más profundo de la tierra. era yo entretejido. Tus ojos vieron mi cuerpo en gestación: todo estaba ya escrito en tu libro; todos mis días se estaban diseñando, aunque no existía uno solo de ellos.*

Salmo 34:2-10 *Mi alma se gloría en el Señor; lo oirán los humildes y se alegrarán. Engrandezcan al Señor conmigo; exaltemos a una su nombre.Busqué al Señor, y él me respondió; me libró de todos mis temores. Radiantes están los que a él acuden; jamás su rostro se cubre de vergüenza. Este pobre clamó, y el Señor le oyó y lo libró de todas sus angustias. El ángel del Señor acampa en torno a los que le temen; a su lado está para librarlos. Prueben y vean que el Señor es bueno; dichosos los que en él se refugian. Teman al Señor, ustedes sus santos, pues nada les falta a los que le temen. Los leoncillos se debilitan y tienen hambre, pero a los que buscan al Señor nada les falta.*

Hebreos 12:9-11 *Después de todo, aunque nuestros padres humanos nos disciplinaban, los respetábamos. ¿No hemos de someternos, con* *mayor razón, al Padre de los espíritus, para que vivamos? En efecto, nuestros padres nos disciplinaban por un breve tiempo, como mejor les parecía; pero Dios lo hace para nuestro bien, a fin de que participemos de su santidad. Ciertamente, ninguna disciplina, en el momento de recibirla, parece agradable, sino más bien penosa; sin embargo, después produce una cosecha de justicia y paz para quienes han sido entrenados por ella.*

Definición de la Palabra Clave

Deleitar: Tener o tomar gran placer, estar muy complacido o regocijado; seguido de en.

Me deleito en la ley de Dios según el hombre interior. Romanos 7

Un alto grade de placer o satisfacción mental; alegría (El deleite es un placer más permanente que la alegría, y no depende de un entusiasmo repentino).

Concordancia Strong: H8191 (shashúa) de H8173; disfrute:- deleitar, delicia, delicioso, precioso.

Total de veces que aparece en la Versión KJ: 9

Tiempo de Reflexión

Encuentra una escritura favorita de la Palabra de Dios hoy y memorízala. Puedes hacer esto cantándola con una canción que te guste, escribiéndola en una tarjeta de notas y repasándola repetidamente. Encuentra lo que funciona para ti.

_____
_____
_____
_____
_____
_____
_____
_____
_____

Oración por tu Bondad

Padre, hoy me gozo en Ti! Te agradezco por hacer que me concentre en Tu bondad y en todas las cosas en las que te deleitas. ¡Tu alegría es mi fortaleza! Elijo encontrar placer y deleite en las promesas de Tu Palabra. No temeré, ni voltearé el oído hacia las cosas que hacen o dicen los hombres o las mujeres, que es contrario a lo que Tú dices de mí. Te pido perdón por cada lugar y momento en que no creí Tus Palabras. Y te agradezco que desde este día en adelante podré ver Tu bondad en todo! En el Nombre de Jesús oro, Amén. **Nehemías 8:10**

DIA 11

Dios es la Fortaleza de Mi Corazón

Salmo 119: 81-88
KAPH
(Se pronuncia "Caf")

Mi alma desfallece por tu salvación;
en tu palabra espero.
Mis ojos desfallecen *esperando* tu palabra,
mientras digo: ¿Cuándo me consolarás?
Aunque he llegado a ser como odre al humo,
no me olvido de tus estatutos.
¿Cuántos son los días de tu siervo?
¿Cuándo harás juicio contra mis perseguidores?
Fosas me han cavado los soberbios,
los que no están de acuerdo con tu ley.
Todos tus mandamientos son fieles;
con mentira me han perseguido; ¡ayúdame!
Casi me destruyen en la tierra,
mas yo no abandoné tus preceptos.
Vivifícame conforme a tu misericordia,
para que guarde el testimonio de tu boca. (LBLA)

El Rostro del Señor

Era 1998, mi esposo había aceptado un nuevo trabajo en una iglesia en Santa Bárbara, pero las cosas no iban tan bien. El ministerio no era lo que era en nuestra iglesia anterior. Nos mudamos solo una hora al Sur de donde vivíamos anteriormente en Santa María, pero la cultura era completamente diferente.

Mi esposo llegó un día a casa y dice: "Creo que debo dejar mi trabajo," las cosas no van muy bien. Oramos juntos y el Señor le dio una estrategia. Debía escribir dos documentos y abordar algunas áreas. El primer documento, si era recibido, era cómo saldría de su puesto de trabajo. La segunda era que si no lo recibía, debía irse inmediatamente.

El día que iba a hablar con su jefe oré todo el día, y durante este día en particular, estaba manejando para recoger a nuestra hija Sarah en Magic Mountain. Esto fue un poco más de una hora en auto. Tuve un poco de adoración en el auto y cuando comencé a cantar **"Si tan solo pudiera ver tu rostro, podría llegar hasta el final."** De repente tuve una visión completa del Señor y Su Rostro. ¡Pude ver Su pasión en el fuego de Sus ojos! Encontré una paz que inundó todo mi cuerpo. Cuando miré a Sus ojos, fui consumida por el mismo fuego que vi en Sus ojos. De repente, el fuego se movió como rayos moviéndose hacia arriba y sobre mi cabeza. Inmediatamente en el Espíritu pude sentirme postrada ante Él, y al mirar hacia donde iban los rayos de fuego, fueron hacia los que estaban detrás de mí, hacia los que me perseguían. ¡Sentí tanta protección divina y supe que NINGUNA ARMA FORMADA CONTRA NOSOTROS

PROSPERARÍA, y que a pesar de lo que íbamos a enfrentar, el Señor estaría con nosotros, y nada más importaba! (2 Tesalonicenses 1:6-8)

Cuando regresaba a casa ese día después de recoger a Sarah, mi esposo me dijo: "Empaqué mi oficina hoy, lo que tenía que decir no fue recibido". Recuerdo el día tan bien; mi esposo estaba pasando por muchas emociones a la vez. Él dijo: "¿Qué vamos a hacer ahora? ¿Cómo vamos a sobrevivir sin que ninguno de nosotros tenga trabajo? Pude compartir mi visión del Rostro del Señor y Su Presencia que lo consume todo. Esto lo animó, sabiendo que el Señor cuidaría de nosotros. Juntos, sabíamos que el Señor nos iba a guiar a través de cualquier cosa que necesitáramos para enfrentar el camino que el Señor tenía para nosotros.

2a. Tesalonicenses 1:6-8 *Dios, que es justo, pagará con sufrimiento a quienes los hacen sufrir a ustedes. Y a ustedes que sufren, les dará descanso, lo mismo que a nosotros. Esto sucederá cuando el Señor Jesús se manifieste desde el cielo entre llamas de fuego, con sus poderosos ángeles, para castigar a los que no reconocen a Dios ni obedecen el evangelio de nuestro Señor Jesucristo.*

Escrituras de Apoyo (LBLA)

Salmos 73:26 *Mi carne y mi corazón pueden desfallecer, pero **Dios es la fortaleza de mi corazón** y mi porción para siempre.*

Salmos 84:1-8 *Cuán preciosas son tus moradas, oh Señor de los ejércitos! Anhela mi alma, y aun desea con ansias los atrios del Señor; mi corazón y mi carne cantan con gozo al Dios vivo.*

Aun el ave ha hallado casa, y la golondrina nido para sí donde poner sus polluelos: ¡tus altares, oh Señor de los ejércitos, Rey mío y Dios mío! ¡Cuán bienaventurados son los que moran en tu casa! Continuamente te alaban. (Selah) ¡Cuán bienaventurado es el hombre cuyo poder está en ti, en cuyo corazón están los caminos a Sión! Pasando por el valle de Baca lo convierten en manantial, también las lluvias tempranas lo cubren de bendiciones. Van de poder en poder, cada uno de ellos comparece ante Dios en Sión.

¡Oh Señor, Dios de los ejércitos, oye mi oración; escucha, oh Dios de Jacob! (Selah)

Definición de la Palabra Clave:

Salvación:
1) El acto de salvar; preservación de la destrucción, peligro o gran calamidad.

2) Apropiadamente en teología, la redención del hombre de la esclavitud del pecado y la responsabilidad de la muerte eterna, y el conferirle la felicidad eterna. Esta es la gran salvación.

Gozosamente la tristeza produce arrepentimiento para salvación;

2a. Corintios 7

3) Liberación de los enemigos: Éxodo 14

4) Remisión de pecados, o gracias salvadoras. Lucas 19

5) El autor de la salvación del hombre. Salmos 27

6) Un término de alabanza de bendición. Apocalipsis 19

Concordancia Strong: H8668 (teshuá) de H7768 en el sentido de H3467; rescate (literalmente o figurativamente, pers., nacional o espiritual):- ayuda, ayudar, librar, salvación, seguridad, victoria.

Total de veces que aparece en la Versión KJ: 34

Tiempo de Reflexión

¿En mi vida dónde necesito salvación (liberación, ayuda, seguridad)? Evaluemos basándonos en la definición completa de la palabra.

_____
_____
_____
_____
_____
_____
_____
_____
_____
_____
_____
_____

Fuerza para Liberar el Perdón Setenta veces Siete

Padre, te pido hoy que me des la fuerza que necesito para hacer Tu voluntad. Ayúdame a apoyarme en Ti y no en mi propio entendimiento. Ayúdame Señor a perdonar, incluso setenta veces siete en un día. Y cuando mi hermano o hermana me ofende, pido sabiduría para ir a él o ella y resolver el problema de una manera que sea agradable para ti. Pido Tu gracia para hacer esto en Tu precioso Nombre Jesús, Amén. **Proverbios 3:5 y Mateo 18:21**

DIA 12

Tu Fidelidad Perdura Por Todas Las Generaciones

Salmo 119:89-86
LAMED
(Se pronuncia "Lámed")

Para siempre, oh Señor,
tu palabra está firme en los cielos.
Tu fidelidad permanece por todas las generaciones;
tú estableciste la tierra, y ella permanece.
Por tus ordenanzas permanecen hasta hoy,
pues todas las cosas te sirven.
Si tu ley no hubiera sido mi **deleite,**
entonces habría perecido en mi aflicción.
Jamás me olvidaré de tus preceptos,
porque por ellos me has vivificado.
Tuyo soy, Señor, sálvame,
pues tus preceptos he buscado.
Los impíos me esperan para destruirme;
tus testimonios consideraré.
He visto un límite a toda perfección;
tu mandamiento es sumamente amplio. (LBLA)

Sin Lugar para Vivir

Salimos de Santa Bárbara, de hecho, nos dijeron: "Salgan de la ciudad en 30 días". Y debido a que se nos dijo que nos sometiéramos a la autoridad (a través de la mentalidad religiosa), hicimos exactamente eso, empaquetamos a nuestra familia y nos fuimos en 30 días. A nuestros hijos no se les permitió despedirse de sus amigos. A la gente de la congregación no se le permitió despedirse de nosotros. Ellos querían venir a ayudarnos a empacar nuestra casa y nos amenazaron para que no tuviéramos nada que ver con "su gente.

Teníamos nuestra casa en Santa María, pero la habíamos alquilado por 1 año, y todavía teníamos varios meses antes de que terminara nuestro primer año. ¡No teníamos dónde vivir! Afortunadamente, nuestro querido amigo Bill y Linda Ward (papá y mamá en el Espíritu) nos permitieron vivir con ellos hasta que pudiéramos regresar a nuestra propia casa. Nuestros hijos compartían un dormitorio. (¡Gracias, Bill y Linda, por aguantarnos a todos!).

Esta transición fue muy dolorosa para nuestra familia, pensar que, estos eran "cristianos" ¿Tratándonos de esta manera? Si no hubiera sido por nuestra devoción personal y nuestra relación con el Señor, podríamos haber naufragado de por vida.

Mientras buscábamos al Señor con qué hacer, El comenzó a guiarnos a lo que deseaba para nosotros. Durante este tiempo, Ken tenía un compromiso previo para viajar en Texas y hablar en una iglesia pequeña. Así que seguimos con lo que estaba delante de nosotros. Fuimos y ministramos, y luego, después de los servicios,

Ken compartió lo que acabábamos de pasar. Afortunadamente, este maravilloso pastor, el pastor Benny Han (¡vaquero total!) había pasado por algo similar. El Pastor Benny pudo animarnos a "liberarnos de la religión". Ese era un concepto nuevo para nosotros, pero el dolor que estábamos pasando era tan real que sabíamos que necesitábamos abrazar la libertad que él estaba compartiendo con nosotros.

Dios verdaderamente nos bendijo en ese viaje ministerial y esa iglesia tomó una ofrenda y sembró más de $5,000.00 en nuestro ministerio! Esto pudo sostenernos, hasta que pudimos descubrir lo que el Señor tenía para nosotros en la próxima temporada de nuestras vidas.

Escrituras de Apoyo (LBLA)

Salmo 89:2 *Porque dije: Para siempre será edificada la misericordia; en los cielos mismos establecerás tu fidelidad.*

Isaías 40:8 *Sécase la hierba, marchítase la flor, mas la palabra del Dios nuestro permanece para siempre.*

Mateo 24:35 *El cielo y la tierra pasarán, más mis palabras no pasarán.*

1 Pedro 1:22-23 *Puesto que en obediencia a la verdad habéis purificado vuestras almas para un amor sincero de hermanos, amaos unos a otros entrañablemente, de corazón puro. Pues habéis nacido de nuevo, no de una simiente corruptible, sino de una que es incorruptible, es decir, mediante la palabra de Dios que vive y permanece.*

Mateo 5:17-20 *No piensen que he venido a anular la ley o los profetas; no he venido a anularlos, sino a darles cumplimiento. Les aseguro que mientras existan el cielo y la tierra, ni una letra ni una tilde de la ley desaparecerán hasta que todo se haya cumplido. Todo el que infrinja uno solo de estos mandamientos, por pequeño que sea, y enseñe a otros a hacer lo mismo, será considerado el más pequeño en el reino de los cielos; pero el que los practique y enseñe será considerado grande en el reino de los cielos. Porque les digo a ustedes que no van a entrar en el reino de los cielos a menos que su justicia supere a la de los fariseos y de los maestros de la ley.*

Definición de la Palabra Clave

Fidelidad: Fidelidad; lealtad; firme adhesión a la lealtad y al deber como fidelidad de un sujeto; verdad; veracidad; como como la fidelidad de Dios; Cumplimiento estricto de los mandatos judiciales y de los deberes de una estación; como la fidelidad de siervos o ministros; Estricto cumplimiento de promesas, votos o pactos constancia en el afecto; como la fidelidad de un esposo o esposa.

Concordancia Strong: H530 (emuná) Femenino de H529; literalmente firmeza; figurativamente seguridad; moralmente fidelidad:- fe, fidelidad, fiel, -mente, firme, -mente, honradez, leal, lealtad, reinar, veraz, verdad.

Total de veces que aparece en la Versión KJ: 49

Tiempo de Reflexión

¿Ha habido personas con autoridad en tu vida que te han lastimado? Tómate el tiempo para liberar el perdón hacia ellos.

_____
_____
_____
_____
_____
_____
_____
_____
_____
_____
_____

Oración por Sabiduría

Padre, vengo a Ti hoy, pidiendo Tu sabiduría en todo lo que hago y digo. Enséñame Tus caminos, guíame por el camino que Tú tienes para mí. Te agradezco que Tu Palabra me da luz para revelar el camino que debo caminar. Señor, ayúdame a verlo. ¡Perdóname por no confiar en Ti! Te agradezco por sanar en cada lugar que no pude verte por lo que Tú eres. Libero el perdón a TODOS los que me han lastimado o me han hecho verte a Tí bajo una luz equivocada. En el Nombre de Jesús, oro, Amén. **Salmo 119:105 y Santiago 1:5**

DIA 13

Tus Testimonios son Mi Meditación

Salmo 119:97-104
MEM
(Se pronuncia "Mem")

¡Oh, cuánto amo yo tu ley!
todo el día es ella mi **meditación**.
Me has hecho más sabio que mis enemigos con tus mandamientos;
porque siempre están conmigo.
Más que todos mis enseñadores he entendido,
Porque tus testimonios son mi meditación.
Más que los viejos he entendido,
Porque he guardado tus mandamientos.
De todo mal camino contuve mis pies,
para guardar tu palabra.
No me aparté de tus juicios,
Porque tú me enseñaste.
¡Cuán dulces son a mi paladar tus palabras!
más que la miel a mi boca.
De tus mandamientos he adquirido inteligencia;
por tanto, he aborrecido todo camino de mentira. (RV1960)

¡El Señor de las Naciones!

Al regresar a Santa María recibimos una llamada telefónica de nuestro Pastor. Le preguntó a Ken si podíamos tener una reunión. Luego comunicó que a nuestro pastor anterior de Santa Bárbara le gustaría resolver las cosas que sucedieron mientras estábamos en "su iglesia". Ken estuvo de acuerdo en que nos reuniríamos con él.

El día de nuestra cita para reunirnos con nuestro Pastor actual y el Pastor de Santa Bárbara fue muy inusual. Otro hermano fue traído a la reunión con nosotros, y comenzó a presentar acusaciones falsas contra nosotros. Los motivos de este pastor eran destinados a tratar de sacarnos del ministerio por completo. Bajo la mediación de nuestro pastor actual, llevó a mi esposo al pasillo y le dijo: "Simplemente está de acuerdo con él y discúlpate", a lo que mi esposo amablemente se sometió y seguimos nuestro camino.

Inmediatamente después de esta reunión, salimos de la ciudad para asistir a una reunión de oración en Barstow durante el fin de semana. Cuando entramos en adoración, un profeta identificó que vio flechas en nuestras espaldas. Este hombre no tenía conocimiento de dónde acabábamos de venir o de lo que habíamos estado pasando. Luego dijo: veo el espíritu de Doeg persiguiéndote, tratando de matarte. El liderazgo oró por nosotros y trajo una increíble porción refrescante del Espíritu del Señor, sanando nuestros corazones. Era como un hermoso flujo de agua que nos bañaba, sanando nuestras heridas y restaurando a nuestros hijos.

Después de irnos de Barstow ese fin de semana, comencé a investigar a Doeg porque nunca antes había oído hablar del espíritu de Doeg. Me gusta identificar las bases bíblicas cuando alguien comienza a lanzar un espíritu de esto o un espíritu de aquello. Este personaje Doeg se encuentra en 1 Samuel 21:7, era un edomita que persiguió a David para matarlo. En 1 Samuel 22:18, Doeg mató a todos los sacerdotes y sus familias por proteger a David. Este era un hombre malvado, y no tenía temor de Dios en absoluto.

Mi esposo y yo nos dimos cuenta de que no estábamos lidiando con una persona, sino con una fuerza demoníaca que quería cortarnos de cualquier forma de ministerio. Nos sometimos al Señorío de Jesucristo, sabiendo que era El quien nos había llamado y no un hombre.

Poco tiempo después, nos enteramos de que ya no teníamos licencia bajo nuestra denominación debido a este individuo. Fue muy doloroso, pero estábamos recibiendo invitaciones para ministrar, así que sabíamos que necesitábamos continuar ministrando el evangelio de Jesucristo.

Mientras buscábamos al Señor en cuanto a qué hacer, el Señor le habló a Ken a través de una visión de una jaula de pájaros, y un pájaro siendo liberado de su cautiverio... Y el Señor dijo; "¿Quieres las naciones o una denominación?" Dijimos: "¡Las Naciones, Señor!"

Desde ese día, mi esposo recibió una disculpa formal y pública de parte de la denominación, la cual restauró completamente su corazón de esta etapa de nuestras vidas. ¡Y hemos sido libres para predicar el evangelio a las naciones!

Escrituras de Apoyo (LBLA)

Salmo 1:1-3 *¡Cuán bienaventurado es el hombre que no anda en el consejo de los impíos, ni se detiene en el camino de los pecadores, ni se sienta en la silla de los escarnecedores, sino que en la ley del Señor está su deleite, y en su ley medita de día y de noche! Será como árbol firmemente plantado junto a corrientes de agua, que da su fruto a su tiempo, y su hoja no se marchita; en todo lo que hace, prospera.*

Deuteronomio 4:5-6 *Mirad, yo os he enseñado estatutos y decretos tal como el Señor mi Dios me ordenó, para que los cumpláis en medio de la tierra en que vais a entrar para poseerla. Así que guardadlos y ponedlos por obra, porque esta será vuestra sabiduría y vuestra inteligencia ante los ojos de los pueblos que al escuchar todos estos estatutos, dirán: Ciertamente esta gran nación es un pueblo sabio e inteligente.*

2 Timoteo 3:12-15 *Y en verdad, todos los que quieren vivir piadosamente en Cristo Jesús, serán perseguidos. Pero los hombres malos e impostores irán de mal en peor, engañando y siendo engañados. Tú, sin embargo, persiste en las cosas que has aprendido y de las cuales te convenciste, sabiendo de quiénes las has aprendido; y que desde la niñez has sabido las Sagradas Escrituras, las cuales te pueden dar la sabiduría que lleva a la salvación mediante la fe en Cristo Jesús.*

Salmo 19:9-11 *El temor del Señor es limpio, que permanece para siempre; los juicios del Señor son verdaderos, todos ellos justos; deseables más que el oro; sí, más que mucho oro fino, más dulces que* *la miel y que el destilar del panal. Además, tu siervo es amonestado por ellos; en guardarlos hay gran recompensa.*

Proverbios 8:11 *porque mejor es la sabiduría que las joyas, y todas las cosas deseables no pueden compararse con ella.*

Definición de la Palabra Clave

Meditación: Pensamiento cerrado o continuo; el giro o de un tema en la mente; contemplación seria.

Salmo 19:14. Sean, pues, aceptables ante ti mis palabras y mis pensamientos, oh Señor, roca mía y redentor mío. (NVI)

Concordancia Strong: H7881 (sikjá) Femenino de H7879; reflexión; por extension devoción:- meditación oración.

Total de veces que aparece en la Versión KJ: 3

Tiempo de Reflexión

¿Conoces la autoridad que se te ha dado?

Tómate el tiempo para estudiar Mateo 7:24-29 y 28:16-20. Escribe tus pensamientos y comprensión obtenida:

_____
_____
_____
_____
_____
_____
_____
_____
_____
_____
_____

Oración para ser Libre del Pensamiento Religioso

Padre, te pido que me ayudes a seguirte a Ti y no al hombre. Sé que dijiste que me sometiera a los que tienen autoridad sobre mí. Y me comprometo a vivir en ese lugar de sumisión. Hoy te pido que me ayudes a tenerlo en su justa perspectiva. Que ande en la autoridad que Tú me has dado, probando todo con Tu Palabra. Dame un espíritu correcto. Enséñame a ser inocente e inofensivo como una paloma, siendo sabio como un serpiente. ¡Hazme como Tú! En Tu precioso Nombre, Jesús, oro, Amén. **Mateo 10:1**

DIA 14

Tu Palabra es Lámpara a mis Pies
y Luz a mi Camino

Salmo 119:97-105-112 NVI
NUN
(Se pronuncia "Nun")

Tu palabra es una lámpara a mis pies;
es una luz en mi sendero.
Hice un juramento, y lo he confirmado:
que acataré tus rectos juicios.
Señor, es mucho lo que he sufrido;
dame vida conforme a tu palabra.
Señor, acepta la ofrenda que brota de mis labios;
enséñame tus juicios.
Mi vida pende de un hilo,
pero no me olvido de tu ley.
Los impíos me han tendido una trampa,
pero no me aparto de tus preceptos.
Tus estatutos son mi herencia permanente;
son el regocijo de mi corazón.
Inclino mi corazón a cumplir tus decretos
para siempre y hasta el fin.

EL lo Quiere Todo

¡Aprender a vivir por fe fue una aventura increíble! El Señor se estaba mostrando tan asombroso al cuidarnos. Aunque se hablaba mal de nosotros, la mano de Dios nos seguía bendiciendo.

Entonces, un día, el Señor le dice a mi esposo: "Quiero que entregues todos tus ahorros a la ofrenda". El fin de semana siguiente iríamos a ministrar a Vallejo, California en la iglesia de nuestros amigos. Y el Señor le da a Ken un mensaje sobre la destrucción de los Goliat en nuestras vidas. Goliat significa "deuda", y Dios quería destruir la esclavitud de la "deuda" en la vida de su pueblo. Ese día, nos pusimos a prueba para darle "TODO". Ahora sabíamos que este era un acto de obediencia que se requería de nosotros. Y en acuerdo, así lo hicimos.

Ese día fue un día monumental en nuestras vidas. Aprendimos que Dios no quiere solo una parte de nosotros, EL LO QUIERE TODO. Aprendimos ese día, que ser obedientes para dar lo que Dios requiere que demos, trae la garantía que Él siempre proveerá para todas nuestras necesidades y deseos también.

Nuestro Padre celestial ha sido tan, tan bueno con nosotros. Él siempre ha proporcionado extravagantemente más allá de todo lo que podríamos pedir, esperar o imaginar. Pero, no ha llegado sin vivir una vida de obediencia, para dar lo que Dios quiere, y cuando ÉL lo quiere. Aprendimos que todo lo que tenemos es Suyo, y mientras administramos lo que Él nos da, por Su dirección nos hace vivir en un lugar de provisión sobrenatural. Siguiendo Su voz, y el camino que Él tiene para nosotros en todo lo que hacemos.

Escrituras de Apoyo

Proverbios: *6:23 El mandamiento es una lámpara, la enseñanza es una luz y la disciplina es el camino a la vida.*

Nehemías 10:28-29 *Todos los demás —sacerdotes, levitas, porteros, cantores, servidores del templo, todos los que se habían separado de los pueblos de aquella tierra para cumplir con la ley de Dios, más sus mujeres, hijos e hijas, y todos los que tenían uso de razón— se unieron a sus parientes que ocupaban cargos importantes y se comprometieron, bajo juramento, a vivir de acuerdo con la ley que Dios les había dado por medio de su servidor Moisés, y a obedecer todos los mandamientos, normas y estatutos de nuestro Señor.*

Oseas 14:2 *Piensa bien lo que le dirás, y vuélvete al Señor con este ruego: Perdónanos nuestra perversidad, y recíbenos con benevolencia, pues queremos ofrecerte el fruto de nuestros labios.*

Salmo 140:1-8 *Oh Señor, líbrame de los impíos; protégeme de los violentos, de los que urden en su corazón planes malvados y todos los días fomentan la guerra. Afilan su lengua cual lengua de serpiente; ¡veneno de víbora hay en sus labios! Selah Señor, protégeme del poder de los impíos; protégeme de los violentos, de los que piensan hacerme caer. Esos engreídos me han tendido una trampa; han puesto los lazos de su red, han tendido trampas a mi paso. Selah Yo le digo al Señor: Tú eres mi Dios. Atiende, Señor, a mi voz suplicante». Señor Soberano, mi Salvador poderoso que me protege en el día de la batalla: No satisfagas, Señor, los caprichos de los impíos; no permitas que sus planes prosperen, para que no se enorgullezcan.*

Definición de la Palabra Clave

Camino:

1) Un camino golpeado u hollado por pies de hombre o bestia, o endurecido por bestias, o endurecido por ruedas; la parte de una carretera por la que normalmente pasan animales o carruajes.

2) Cualquier camino angosto golpeado por el pie.

3) El camino, curso o trayectoria por donde se mueve un cuerpo en la atmósfera o en el espacio.

4) Un camino o pasaje.

5) Curso de la vida - Él hace todos mis caminos. Job 33

6) Preceptos; reglas prescritas, sustenta mis pasos en tus caminos. Salmo 17

7) Curso de tratos providenciales; gobierno moral. Todos los caminos del Señor son misericordia y verdad. Salmo 25

Concordancia Strong: H5410 (natíb), (netibá), (netibá); de una raíz que no se usa que significa. pisar; camino (trillado):- calzada, camino, senda, sendero, vereda, viajar.

Total de veces que aparece en la Versión KJ: 26

Tiempo de Reflexión

¿Identificas dónde eres obediente al darle a Dios lo que Él quiere cuando Él lo quiere?

Estudia Deuteronomio 28 e identifica las bendiciones que provienen de la obediencia y las maldiciones de la desobediencia. (Recuerda que los principios de sembrar y cosechar están vivos y son buenos en el Nuevo Testamento)

_____

_____

_____

_____

_____

_____

_____

Oración de Obediencia

Padre, te agradezco que enviaste a tu Hijo para mostrarme el camino hacia Ti. ¡Te agradezco que Tu Palabra sea una lámpara para iluminar el "camino" que tienes para mí! Este día elijo la obediencia a Ti y no el temor de mis circunstancias. ¡En el mundo hay incertidumbre, pero en Ti hay esperanza para mi futuro! Perdóname por cada lugar de desobediencia. ¡Hoy comprometo mi vida al lugar de la entrega y la obediencia completas! Te agradezco por la habilidad de escuchar Tu voz a través de Tu Palabra, guiándome en cada paso del camino. En el Nombre de Jesús, oro, Amén. **Jeremías 29:11**

DIA 15

Tú Eres Mi Escondite

Salmo 119:113-120
SAMEK
(Se pronuncia "Sámec")

Aborrezco a los hombres hipócritas;

Mas amo tu ley.

Mi escondite y mi escudo eres tú;

En tu palabra he esperado.

Apartaos de mí, malignos,

Pues yo guardaré los mandamientos de mi Dios.

Susténtame conforme a tu palabra, y viviré;

Y no quede yo avergonzado de mi esperanza.

Sosténme, y seré salvo,

Y me regocijaré siempre en tus estatutos.

Hollaste a todos los que se desvían de tus estatutos,

Porque su astucia es falsedad.

Como escorias hiciste consumir a todos los impíos de la tierra;

Por tanto, yo he amado tus testimonios.

Mi carne se ha estremecido por temor de ti,

Y de tus juicios tengo miedo. (RV1960)

Darlo Todo

Caminando hacia el reino de la fe dando lo que el Señor quería, cuando Él lo quería, fue un viaje asombroso. Mientras viajábamos a las iglesias, el Señor le hablaba a mi esposo para sembrar las ofrendas que las iglesias tendrían para nosotros. Él volvería a sembrar para la iglesia o para los individuos en sus congregaciones.

Después de aproximadamente un año de que esto sucediera, miramos hacia atrás y reflexionamos sobre toda la provisión sobrenatural, especialmente cuando Dios decía: "¡Darlo todo!" Tantos testimonios al regresar a casa, habría cheques en el correo de extraños, o alguien que nos conoció tres años antes, nos diría "el Señor puso en nuestro corazón enviar mil dólares." (Eso pagaría el pago de nuestra casa). **¡Ni una sola vez nos atrasamos en nuestras facturas, ni una vez nos quedamos sin nada, ni una sola vez!**

Entonces, un día, el Señor le habla a Ken y le dice: "Quiero que dejes de viajar." La respuesta de Ken fue; "Señor, ¿cómo voy a proveer para mi familia? Así es como nos has estado sustentando". Mientras Ken y yo conversábamos, pude mostrarle nuestros libros financieros. Y durante un año, NO habíamos estado viviendo de lo que Dios estaba trayendo a través de los viajes, porque él había estado dando todas las ofrendas. Dios ya había estado proveyendo sobrenaturalmente para nosotros. Realmente estábamos siendo alimentados como Elías cuando estaba en la cueva, y Dios lo alimentó por cuervos.

Durante esta temporada en nuestras vidas, verdaderamente aprendimos a confiar en nuestro Padre en un nuevo reino de fe. Una cosa es verlo en la Palabra y un reino completamente diferente caminar por él, sintiendo verdaderamente Su poderoso brazo diestro dirigiéndonos y proveyendo para todas nuestras necesidades.

Escrituras de Apoyo (RV1960)

Salmo 32:7 *Tú eres mi refugio; me guardarás de la angustia; Con cánticos de liberación me rodearás. Selah*

Salmo 6:8 *Apartaos de mí, todos los hacedores de iniquidad; Porque Jehová ha oído la voz de mi lloro.*

Romanos 5:5 *y la esperanza no avergüenza; porque el amor de Dios ha sido derramado en nuestros corazones por el Espíritu Santo que nos fue dado.*

Romanos 9:33 *como está escrito: He aquí pongo en Sion piedra de tropiezo y roca de caída; Y el que creyere en él, no será avergonzado.*

Romanos 10:8-11 *Mas ¿qué dice? Cerca de ti está la palabra, en tu boca y en tu corazón. Esta es la palabra de fe que predicamos: que si confesares con tu boca que Jesús es el Señor, y creyeres en tu corazón que Dios le levantó de los muertos, serás salvo. Porque con el corazón se cree para justicia, pero con la boca se confiesa para salvación. Pues la Escritura dice: Todo aquel que en él creyere, no será avergonzado.*

Filipenses 1:19-21 *Porque sé que por vuestra oración y la suministración del Espíritu de Jesucristo, esto resultará en mi liberación, conforme a mi anhelo y esperanza de que en nada seré avergonzado; antes bien con toda confianza, como siempre, ahora también será magnificado Cristo en mi cuerpo, o por vida o por muerte. Porque para mí el vivir es Cristo, y el morir es ganancia.*

Definición de la Palabra Clave

Esconder (esconderse): Esta palabra originalmente significaba una estación, lugar cubierto o lugar de refugio para los sitiadores contra los ataques de los sitiados. Ocultando; cubrir o retirarse de la vista; mantenerse cerca o en secreto. **Escondite:** un lugar para ocultarse.

Concordancia Strong: H5643 (séter), (sitrá); de H5641; cubierta (en buen o mal sentido, literal o figurativamente):- bajo, cubierta, detractor, escondedero, esconder, ocultamente, oculto, refugio, rodear, secretamente, secreto, solapadamente.

Total de veces que aparece en la Versión KJ: 36

Tiempo de Reflexión

¿Identificas las cargas que llevas en tu vida? Elige entregar todas tus preocupaciones al Señor, y recibe Su paz.

_____
_____
_____
_____
_____
_____
_____
_____
_____
_____
_____
_____
_____
_____

Oración por el Temor del Señor

Padre, levanto cada carga y todas estas preocupaciones que he estado llevando y te pido perdón por no confiar en Tí. Te entrego cada preocupación y las pongo a Tus pies. Te agradezco, Padre, que eres mi Dios. Tú eres mi refugio, mi torre fuerte y mi escondite. ¡Este día elijo confiar en Ti y en el Temor del Señor! **Proverbios 29:25 e Isaías 11:2**

DIA 16

Amo tus Mandamientos Más que el Oro

Salmo 119:121-128 NVI
AYIN
(Se pronuncia "Ayin")

Yo practico la **justicia** y el derecho;
no me dejes en manos de mis opresores.
Garantiza el bienestar de tu siervo;
que no me opriman los arrogantes.
Mis ojos se consumen esperando tu salvación,
esperando que se cumpla tu justicia.
Trata a tu siervo conforme a tu gran amor;
enséñame tus decretos.
Tu siervo soy: dame entendimiento
y llegaré a conocer tus estatutos.
Señor, ya es tiempo de que actúes,
pues tu ley está siendo quebrantada.
Sobre todas las cosas amo tus mandamientos más que el oro,
más que el oro refinado.
Por eso tomo en cuenta todos tus preceptos
y aborrezco toda senda falsa.

Haciendo Todas las Cosas Nuevas

Eran alrededor de las 9:00 p.m. del 16 de febrero del 2004. Mi esposo, nuestras hijas menores y yo íbamos manejando a casa desde la iglesia, en dirección Sur por la Autopista 101 desde Nipomo, California, cuando un conductor ebrio embistió nuestro vehículo. Lo siguiente que recuerdo es estar boca abajo y mi esposo llamando a nuestra hija Rachel. "Oh Dios, dónde está? ¿Está bien?

Ken inmediatamente llamó al 911 y luego comenzó a llamar a todos los que se le ocurrieron para comenzar a orar por nuestra familia. Los paramédicos llegaron poco después y mi esposo les gritaba que por favor fueran a buscar a nuestra hija, ella no está aquí. Ken y Candice fueron sacados del auto rápidamente pero cuando se trató de sacarme a mí, tuvieron que sacar las Quijadas de la Vida. Comenzaron a halar la puerta y estaba causando que el cinturón de seguridad me estrangulara. Mi esposo luego los hizo detenerse y pudieron cortar el cinturón de seguridad y luego sacarme.

Me subieron a la ambulancia y comenzaron a cortarme la ropa (mi chaqueta de cuero favorita). Inmediatamente le pregunté al Señor, "¿Qué está pasando?" Le escuché a EL alto y claro. Me dijo: "Estoy haciendo todas las cosas nuevas." Seguro que no me sentí nueva en ese momento pero con esas palabras vino una paz y un consuelo abrumadores que superaron el dolor que había soportado mi cuerpo físico.

Rachel fue encontrada a distancia de la mitad de un campo de fútbol de nuestro vehículo, al lado de la carretera, a solo unos pies del tráfico en sentido contrario. La pierna izquierda de Rachel estaba quebrada y su bazo había sido perforado, no podía moverse. De alguna manera, un vehículo que se aproximaba la vió al costado de la carretera y se detuvo. Este fue, creo, nuestro primer milagro, considerando que ella era tan pequeña y que estaba tan oscuro en esta área de la carretera. Esas personas se sentaron con Rachel y la cubrieron hasta que llegaron los paramédicos.

Rachel y yo comenzamos juntas la fisioterapia, ella por su pierna quebrada y yo por mi brazo, cuello y espalda rotos. Una de las primeras cosas que nos informaron con respecto a la pierna rota de Rachel fue: que debido a que se rompió la pierna a los 14 años, durante un período de crecimiento, a medida que ella crecía, su pierna rota no crecería. Luché con esto durante varios años, (Rachel caminaba con una ligera cojera) hasta que un día estaba en uno de sus partidos de waterpolo y un hombre con una pata de palo pasó junto a mí (creo que era un ángel... ¿Quién tiene patas de palo en este día y época?). Y el Espíritu Santo llamó mi atención; ella todavía tiene ambas piernas! Hasta el día de hoy estoy muy agradecida de que Dios le haya salvado la vida. Tantas cosas podrían haberle pasado esa noche.

A los pocos meses, mi Fisioterapeuta me informó que nunca había visto una recuperación tan rápida como la mía. Dejé de tomar pastillas para el dolor 8 días después de estar en casa al salir del hospital (con la ayuda de mi esposo). Y cuando regresé a la rectitud de la mente fuera de la influencia de los productos farmacéuticos, lo primero que el Señor me guió a hacer fue perdonar al conductor ebrio. Mi terapeuta identificó mi rápida recuperación en ausencia de los analgésicos. Pero creo que es la combinación de los dos: liberando el perdón y recibiendo la sanidad del Señor para ayudarme a ser libre de las drogas.

La recuperación por la que pasé duró hasta 1 año de fisioterapia y varios años más antes de que volviera a sentirme emocionalmente normal. Lo único que puedo decir es que pasé por lo que sentí como la hora más oscura de mi alma. ¡Siempre supe en lo más profundo de mi ser que Dios estaba haciendo todas las cosas nuevas!

Escrituras de Apoyo (NVI)

Hebreos 7:20-25 *¡Y no fue sin juramento! Los otros sacerdotes llegaron a serlo sin juramento, mientras que este llegó a serlo con el juramento de aquel que le dijo: «El Señor ha jurado, y no cambiará de parecer: "Tú eres sacerdote para siempre." Por tanto, Jesús ha llegado a ser el que garantiza un pacto superior. Ahora bien, como a aquellos sacerdotes la muerte les impedía seguir ejerciendo sus funciones, ha habido muchos de ellos; pero, como Jesús permanece para siempre, su sacerdocio es imperecedero. Por eso también puede salvar por completo a los que por medio de él se acercan a Dios, ya que vive siempre para interceder por ellos.*

Salmo 116:5-19 *El Señor es compasivo y justo; nuestro Dios es todo ternura. El Señor protege a la gente sencilla; estaba yo muy débil, y él me salvó. ¡Ya puedes, alma mía, estar tranquila, que el Señor ha sido bueno contigo! Tú, Señor, me has librado de la muerte, has enjugado mis lágrimas, no me has dejado tropezar. Por eso andaré siempre delante del Señor en esta tierra de los vivientes. Aunque digo: Me encuentro muy afligido, sigo creyendo en Dios. En mi desesperación he exclamado: Todos son unos mentirosos.*

¿Cómo puedo pagarle al Señor por tanta bondad que me ha mostrado? ¡Tan solo brindando con la copa de salvación e invocando el nombre del Señor! ¡Tan solo cumpliendo mis promesas al Señor en presencia de todo su pueblo!

Mucho valor tiene a los ojos del Señor la muerte de sus fieles. Yo, Señor, soy tu siervo; soy siervo tuyo, tu hijo fiel; ¡tú has roto mis cadenas! Te ofreceré un sacrificio de gratitud e invocaré, Señor, tu nombre. Cumpliré mis votos al Señor en presencia de todo su pueblo, en los atrios de la casa del Señor, en medio de ti, oh Jerusalén.

Salmo 19:7-11 *La ley del Señor es perfecta: infunde nuevo aliento. El mandato del Señor es digno de confianza: da sabiduría al sencillo. Los preceptos del Señor son rectos: traen alegría al corazón. El mandamiento del Señor es claro: da luz a los ojos. El temor del Señor es puro: permanece para siempre. Las sentencias del Señor son verdaderas: todas ellas son justas. Son más deseables que el oro, más que mucho oro refinado; son más dulces que la miel, la miel que destila del panal. Por ellas queda advertido tu siervo; quien las obedece recibe una gran recompensa.*

Definición de la Palabra Clave

Justicia: La virtud que consiste en dar a cada uno lo que le corresponde; conformidad práctica a las leyes y a los principios de rectitud en el trato de los hombres entre sí; honestidad; integridad en el comercio o las relaciones mutuas.

Concordancia Strong: H6664 (tsédec) de H6663; el derecho (natural, moral o legal); también (abstracto de) equidad o (figurativamente) prosperidad:- equidad, justamente, justicia, justo, recto.

Total de veces que aparece en la Versión KJ: 118

Tiempo de Reflexión

¿Ha habido un momento en tu vida que ha impedido un proceso de sanidad? Pidámosle al Espíritu Santo que revele cualquier lugar de dolor o falta de perdón. Calla y permite que Él te hable a través de un pensamiento o una impresión. Suelta el perdón y recibe la sanidad del Señor en la situación.

_____
_____
_____
_____
_____
_____
_____
_____
_____

Oración para Liberar Perdón

Padre, te pido la gracia de perdonar diariamente. Liberando perdón para aquellos que me han hecho mal y perdonarme a mí mismo por todas las áreas que he albergado dentro de mi corazón. Ayúdame a liberarme de los "Que hubiera pasado si". "Debería haberlo hecho" y: "Podría haber hecho las cosas de manera diferente." Haz de mi vida una oración para Tí y ayúdame a vivir una vida sin compromiso. Te amo con todo mi corazón, ayúdame a dártelo a Tí, enteramente. Oro en el nombre de Jesús. Amén. **Mateo 18:21-22 y Lucas 17:4**

DIA 17

Dirige Mis Pasos Por Tu Palabra

Salmo 119:129-136
PE
(Se pronuncia "Pe")

Maravillosos son tus testimonios;
Por tanto, los ha guardado mi alma.
La exposición de tus palabras alumbra;
Hace entender a los simples.
Mi boca abrí y suspiré,
Porque deseaba tus mandamientos.
Mírame, y ten misericordia de mí,
Como acostumbras con los que aman tu nombre.
Ordena mis pasos con tu palabra,
Y ninguna iniquidad se enseñoree de mí.
Líbrame de la violencia de los hombres,
Y guardaré tus mandamientos.
Haz que tu rostro resplandezca sobre tu siervo,
Y enséñame tus estatutos.
Ríos de agua descendieron de mis ojos,
Porque no guardaban tu ley. (RV1960)

Mantener Mi Enfoque

Era julio del 2004, cinco meses después que el conductor ebrio desviara nuestras vidas. Acabábamos de comprar una casa nueva y nos mudamos a Holland, Michigan. SI, atravesando los Estados Unidos, mientras aún en recuperación de algunos problemas médicos importantes. Tuvimos que encontrar nuevos médicos, nuevos bancos, una nueva iglesia, una nueva escuela para nuestras hijas y nuevas relaciones.

Cuando entré en nuestro nuevo hogar, comencé a tratar de colocar los muebles donde pensé que me gustaría que estuvieran. Empecé a buscar muebles que teníamos cuando recién nos casamos, así como muebles que no teníamos. No podía entender las cosas y estaba muy confundida. En ese momento, comencé a darme cuenta de los efectos mentales de la lesión cerebral que había experimentado. Fue como 10 años borrados de mi memoria. Conocía a todos pero algunos recuerdos que deberían haber estado allí, simplemente se habían ido.

Continué acercándome al Señor, sabiendo que El dijo: "Si te acercas a mí Yo me acercaré a ti". Ahora estaba viviendo en una nueva región y lo que debería haber sido una transición fácil fue un gran desafío. Aprender una nueva dirección, nuevos bancos y médicos es normalmente un desafío para una persona promedio y para mí fue doblemente desafiante. Estaba decidida a no ponerme excusas y comencé este viaje de recuperación de mi mente, cuerpo y espíritu.

¡He descubierto que mi papito Dios es tan fiel, para tomar todo lo que el enemigo tenía para hacer daño en mi vida y darle la vuelta y usarlo para bien! No, mi recuperación no fue de la noche a la mañana, pero lo único que sabía es: que si "mantengo mi ENFOQUE" en el Señor Jesucristo, El sería tan fiel para llevarme al otro lado de cada lugar difícil.

Ya han pasado 13 años desde que el conductor ebrio interrumpió nuestras vidas. Y puedo decirles que una y otra vez, ¡Dios se ha mostrado tan fiel!

Escrituras de Apoyo (LBLA)

Proverbios 6:23 *Porque el mandamiento es lámpara, y la enseñanza luz, y camino de vida las reprensiones de la instrucción,*

Salmo 19:7 *La ley del Señor es perfecta[a], que restaura el alma; el testimonio del Señor es seguro, que hace sabio al sencillo.*

Salmo 42:1 *Como el ciervo anhela las corrientes de agua, así suspira por ti, oh Dios, el alma mía.*

Salmo 17:5 *Sustenta mis pasos en tus caminos, Para que mis pies no resbalen. (RV1960)*

Salmo 19:13 *Guarda también a tu siervo de pecados de soberbia; que no se enseñoreen de mí. Entonces seré íntegro, y seré absuelto de gran transgresión.*

Romanos 6:12-14 *Por tanto, no reine el pecado en vuestro cuerpo mortal para que no obedezcáis sus lujurias; ni presentéis los miembros de vuestro cuerpo al pecado como instrumentos de iniquidad, sino presentaos vosotros mismos a Dios como vivos de entre los muertos, y vuestros miembros a Dios como instrumentos de justicia. Porque el pecado no tendrá dominio sobre vosotros, pues no estáis bajo la ley sino bajo la gracia.*

Lucas 1:73-75 *el juramento que hizo a nuestro padre Abraham: concedernos que, librados de la mano de nuestros enemigos, le sirvamos sin temor en santidad y justicia delante de Él, todos nuestros días.*

Números 6:22-27 *Entonces habló el Señor a Moisés, diciendo: Habla a Aarón y a sus hijos, y diles: «Así bendeciréis a los hijos de Israel. Les diréis: "El Señor te bendiga y te guarde; el Señor haga resplandecer su rostro sobre ti, y tenga de ti misericordia; el Señor alce sobre ti su rostro, y te dé paz." Así invocarán mi nombre sobre los hijos de Israel, y yo los bendeciré.*

Salmo 4:4 *Si se enojan, no pequen; en la quietud del descanso nocturno examínense el corazón. Selah*

Ezequiel 9:3-4 *La gloria del Dios de Israel, que estaba sobre los querubines, se elevó y se dirigió hacia el umbral del templo. Al hombre vestido de lino que llevaba en la cintura un estuche de escriba, el Señor lo llamó y le dijo: «Recorre la ciudad de Jerusalén, y coloca una señal en la frente de quienes giman y hagan lamentación por todos los actos detestables que se cometen en la ciudad».*

Definición de la Palabra Clave

En la Versión NKJ la palabra "Ordenado" fue reemplazada por Directo.

Ordenado: Regulado; metodizado; dispuesto; mandado; administrado.

Concordancia Strong: H 3358 yaqqir (caldeo); correspondiente a H3357 :- difícil, glorioso.

Total de veces que aparece en la Versión : 217

Tiempo de Reflexión:

Reconoce cómo estas permitiendo que el Señor dirija tus pasos (vida diaria).

_____
_____
_____
_____
_____
_____
_____
_____
_____
_____
_____
_____
_____
_____
_____

Oración por Fortaleza para el Camino

Padre, te pido hoy que me des la fuerza que necesito para hacer Tu voluntad. Ayúdame a apoyarme en Ti y no en mi propio entendimiento. Oro en el nombre de Jesús. Amen. **Proverbios 3:5**

DIA 18

Tu Ley Es la Verdad

Salmo 119:137-144
TSADDE
(Se pronuncia "Tsade")

Señor, tú eres justo,
y tus juicios son rectos.
Justos son los estatutos que has ordenado,
y muy dignos de confianza.
Mi celo me consume,
porque mis adversarios pasan por alto tus palabras.
Tus promesas han superado muchas pruebas,
por eso tu siervo las ama.
Insignificante y menospreciable como soy,
no me olvido de tus preceptos.
Tu justicia es siempre justa;
tu ley es la verdad.
He caído en la angustia y la aflicción,
pero tus mandamientos son mi regocijo.
Tus estatutos son siempre justos;
dame entendimiento para poder vivir. (NVI)

EL Ministerio Quíntuple

Para equipar al Cuerpo de Cristo

Seis meses después de mudarnos atravesando todo Estados Unidos, mi esposo me informa que le habían dado una oportunidad de trabajo en California. El dice, "Cariño, esta es una oportunidad para hacer lo que Dios ha puesto en mi corazón, hacer la iglesia de manera diferente."

Habíamos estado sirviendo al Señor juntos durante casi veinte años en el ministerio y empezábamos a ver la "disfunción" en el Cuerpo de Cristo. Creíamos que Dios no tenía la intención de que todos dependieran de "El Pastor."

En 2002, el Espíritu Santo abrió el libro de Efesios a mi esposo en una visión abierta y le habló sobre el ministerio del Apóstol, Profeta, Evangelista, Pastor y Maestro, con este Ministerio Quíntuple moviéndose y trabajando juntos para equipar al Cuerpo de Cristo para hacer la obra del ministerio. Ya no dependiendo del "El Pastor" para hacer todo, sino dependiendo unos en otros y CRISTO JESUS COMO EL CENTRO DE TODO.

¡Así que solamente hicimos eso! Aceptamos el trabajo y regresamos a California. Ken escribió la visión, la dejó clara y comenzó este viaje de implementar el ministerio Quíntuple al Cuerpo de Cristo, **enseñando y capacitando** a las personas para hacer el trabajo del ministerio y dándoles la confianza para depender del Espíritu Santo ellos mismos y no en un hombre. Identificamos cada don de oficio en el cuerpo de nuestra iglesia y luego los desatamos para que funcionaran en *su autoridad dada por Dios*. ¡Enseñándoles a ellos como Jesús lo hizo y no como los Escribas!

Escrituras de Apoyo (LBLA)

Jeremías 12:1 *Justo eres tú, oh Señor, cuando a ti presento mi causa; en verdad asuntos de justicia voy a discutir contigo.*

Daniel 9:7 *Tuya es la justicia, oh Señor, y nuestra la vergüenza en el rostro, como sucede hoy a los hombres de Judá, a los habitantes de Jerusalén y a todo Israel, a los que están cerca y a los que están lejos en todos los países adonde los has echado, a causa de las infidelidades que cometieron contra ti.*

Daniel 9:14 *Por tanto, el Señor ha estado guardando esta calamidad y la ha traído sobre nosotros; porque el Señor nuestro Dios es justo en todas las obras que ha hecho, pero nosotros no hemos obedecido su voz.*

Salmos 19: 7-14 *La ley del Señor es perfecta, que restaura el alma; el testimonio del Señor es seguro, que hace sabio al sencillo. Los preceptos del Señor son rectos, que alegran el corazón; el mandamiento del Señor es puro, que alumbra los ojos. El temor del Señor es limpio, que permanece para siempre; los juicios del Señor son verdaderos, todos ellos justos; deseables más que el oro; sí, más que mucho oro fino, más dulces que la miel y que el destilar[b] del panal. Además, tu siervo es amonestado por ellos; en guardarlos hay gran recompensa. ¿Quién puede discernir sus propios errores? Absuélveme de los que me son ocultos. Guarda también a tu siervo de pecados de soberbia; que no se enseñoreen de mí. Entonces seré íntegro, y seré absuelto de gran transgresión.* **Sean gratas las palabras de mi boca y la meditación de mi corazón delante de ti, oh Señor, roca mía y redentor mío.**

Definición de la Palabra Clave

Verdad: Conformidad con el hecho o la realidad; conformidad exacta a con lo que es, ha sido o será. La verdad de la historia constituye todo su valor. Confiamos en la verdad de las profecías bíblicas. Mi boca hablará verdad. Proverbios 8

Santifícalos en tu verdad; Tu Palabra es *verdad.* Juan 17

Concordancia Strong: H571 (emet) contracción de H539; estabilidad; figurativamente ciertamente, verdad, confiabilidad:- de veras, fidelidad, firme, rectamente, seguridad, seguro, verdad, verdadero.

Total de veces que aparece en la Versión KJ: 127

Tiempo de Reflexión

¿Hay cosas que creo que son contrarias a la Palabra de Dios (mentiras sobre ti mismo: o una situación)?

_____
_____
_____
_____
_____
_____

Calla y deja que el Espíritu Santo te hable. Escribe tus pensamientos y encuentra una escritura para contrarrestar todas las mentiras. Trae la Palabra (la Verdad) al asunto.

_____
_____
_____
_____
_____

Oración por la Redención

Gracias Padre por tu Hijo Jesús a quien enviase como rescate para salvar y redimir mi vida de la destrucción. Acepto este regalo libremente y elijo caminar en la libertad que viene con este maravilloso regalo de la salvación, donde encuentro que: ¡Tus misericordias son nuevas cada mañana! **Mateo 20:28 y Lamentaciones 3:22-23**

DIA 19

Tú Estás cerca de Aquellos que se Acercan a ti

Salmo 119:145-152
QOPH
(Se pronuncia "Qof")

Con todo el corazón clamo a ti, Señor;
respóndeme, y obedeceré tus decretos.
A ti clamo: «¡Sálvame!»
Quiero cumplir tus estatutos.
Muy de mañana me levanto a pedir ayuda;
en tus palabras he puesto mi esperanza.
En toda la noche no pego los ojos,
para **meditar** en tu promesa.
Conforme a tu gran amor, escucha mi voz;
conforme a tus juicios, Señor, dame vida.
Ya se acercan mis crueles perseguidores,
pero andan muy lejos de tu ley.
Tú, Señor, también estás cerca,
y todos tus mandamientos son verdad.
Desde hace mucho conozco tus estatutos,
los cuales estableciste para siempre. (NVI)

Oración 24/7

En 2005, nuestra familia se mudó al Sur de California, este fue un año después de que un conductor ebrio nos impactara y nos sacara de la carretera, dejando a nuestra familia devastada.

Todavía en un lugar de recuperación, yo no sabía cómo adaptarme a un estilo de vida tan ocupado. Si iba a algún lado, estaría atrapada en el tráfico durante 2 o incluso más horas. No tenía amigos cercanos. Nuestras hijas estaban navegando en una nueva escuela secundaria y odiando a su padre por interrumpir nuestras vidas… otra vez.

Yo también estaba enojada con mi esposo (e incluso con Dios) por trasladarme a lo que parecía una tierra abandonada por Dios, llena de tanta perversidad y compromiso incluso en la iglesia. No sabía cómo navegar a través de mi "nueva vida." Luego, un día, me invitaron a una conferencia en Kansas City, Missouri (gracias Jan) solo faltaba un fin de semana. Estaba tan desesperada; que me fui a esta aventura sola.

Una vez que llegué, me registré en mi hotel y me aventuré a la conferencia. Descubrí que cuando entré al edificio, la Presencia del Señor era tan fuerte; que tuve que volver afuera y arrepentirme por mi mala actitud, y llamar a mi esposo y disculparme por no apoyarlo por nuestra nueva tarea.

Cuando entré al lugar de adoración y me centré en el Señor, me llenó una abrumadora sensación de paz. Cuando el orador principal abrió la boca, lo primero que dijo fue: "¡Necesitamos pararnos en la brecha por California! Dios me llevó hasta Missouri para orar por California. El pronunció las mismas palabras que mi esposo me había estado diciéndo: "Necesitamos pararnos en la brecha y orar por California, para que el juicio de Dios en su contra se detenga."

Mientras viajaba de regreso a California la semana siguiente, tenía un gran deseo de crear una atmósfera de oración como la de Kansas City, Missouri. Creí el mismo tipo de convicción que me vino cuando entré a su campus. Así que presenté el deseo de orar las 24 horas del día, los siete días de la semana, a mi esposo. Su respuesta fue: "Tonja, ellos no saben como orar una hora ¿Cómo pueden orar 24/7?"

Desde ese día, comenzamos un viaje para enseñar al pueblo de Dios a orar en The Gathering en Corona, California. Programamos constantemente oración. No tenemos una casa de oración 24/7, pero tenemos un pueblo comprometido a orar continuamente. ¡Hemos estado en el Sur de California durante 12 años, y Dios ha detenido el juicio sobre nuestra tierra!

Escrituras de Apoyo (LBLA)

Salmo 5:3 *Oh Señor, de mañana oirás mi voz; de mañana presentaré mi oración a ti, y con ansias esperaré.*

Salmo 63:1-8 *Oh Dios, tú eres mi Dios; te buscaré con afán. Mi alma tiene sed de ti, mi carne te anhela cual tierra seca y árida donde no hay agua. Así te contemplaba en el santuario, para ver tu poder y tu gloria. Porque tu misericordia es mejor que la vida, mis labios te alabarán. Así te bendeciré mientras viva, en tu nombre alzaré mis manos. Como con médula y grosura está saciada mi alma; y con labios jubilosos te alaba mi boca. Cuando en mi lecho me acuerdo de ti, en ti medito durante las vigilias de la noche. Porque tú has sido mi socorro, y a la sombra de tus alas canto gozoso. A ti se aferra mi alma; tu diestra me sostiene.*

Salmo 145:18-21 *El Señor está cerca de todos los que le invocan, de todos los que le invocan en verdad. Cumplirá el deseo de los que le temen, también escuchará su clamor y los salvará. El Señor guarda a todos los que le aman, pero a todos los impíos destruirá. Mi boca proclamará la alabanza del Señor; y toda carne bendecirá su santo nombre eternamente y para siempre.*

Lucas 21:33 *El cielo y la tierra pasarán, mas mis palabras no pasarán.*

Definición de la Palabra Clave

Meditar:

1) Para detenerse en cualquier cosa en el pensamiento; contemplar; para estudiar; dar vuelta o dar vueltas a cualquier tema en la mente, apropiado pero no exclusivamente usado para la contemplación piadosa, o una consideración de las grandes verdades de la religión.

2) Tener la intención; tener contemplación.

Salmos 1:2 sino que en la ley del Señor está su deleite, y en su ley *medita* de día y de noche.

Meditar:

1) Planificar dando vueltas en la mente, idear; tener la intención.

2) Pensar en; dar vueltas en la mente.

Concordancia Strong: H7878 (síakj) Raíz primaria; meditar, (por implicación) conversar (con uno mismo, y de aquí, en voz alta) o (transitivamente) musitar, mascullar:- considerar, contar, hablar, meditar, oración, orar, queja, quejar, reflexionar.

Total de veces que aparece en la Versión King James: 20

Tiempo de Reflexión

¿Qué debe cambiar en mi vida mental?

_____
_____
_____
_____
_____
_____
_____
_____
_____
_____
_____
_____
_____
_____

Oración para Cambiar de Opinión (Pensamiento)

Padre, te pido que hoy me ayudes a meditar en las cosas buenas. Ayúdame a verme a mi y a los demás a través de la Verdad de Tu Palabra. Te pido que me ayudes a ver el área en la que necesito cambiar mi forma de pensar. Dame tu Verdad para desplazar toda mentira en la que he creído, en el poder de Tu Nombre, Jesus. **Juan 14:6**

DIA 20

La Totalidad de Tu Palabra es la Verdad

Salmo 119:153-161
RESH
(Se pronuncia "Resh")

Considera mi aflicción, y líbrame
pues no me he olvidado de tu ley.
Defiende mi causa, rescátame;
dame vida conforme a tu promesa.
La salvación está lejos de los impíos,
porque ellos no buscan tus decretos.
Grande es, Señor, tu compasión;
dame vida conforme a tus juicios.
Muchos son mis adversarios y mis perseguidores,
pero yo no me aparto de tus estatutos.
Miro a esos renegados y me dan náuseas,
porque no cumplen tus palabras.
Mira, Señor, cuánto amo tus preceptos;
conforme a tu gran amor, dame vida.
La suma de tus palabras es la verdad;
tus rectos juicios permanecen para siempre. (NVI)

Encontrando Libertad y Construyendo Vidas

¡Al prepararnos para mudarnos de regreso desde Michigan a California, me enfrenté a muchos desafíos! La idea de ser parte de otra denominación de iglesia me dolía el corazón. Solo pensar en el rechazo que nuestra familia había encontrado antes era lo último en el mundo que quería pasar, ni ver a nuestras hijas tener que pasar por ese tipo de dolor nuevamente.

Entonces un día, el Espíritu Santo me habló y me recordó una película que había visto años antes, "Matrix." Al final de esta película, Neo reconoce su autoridad y los agentes que lo perseguían ya no tenían poder sobre él. Luego, Neo corre hacia el Agente Smith y lo destruye de adentro hacia afuera, mientras increíbles rayos de luz explotan al agente como un rayo de sol descargando. En ese momento, me di cuenta de que el espíritu religioso NO tenía autoridad sobre mí, pero que seríamos capaces de entrar en él y cambiarlo de adentro hacia afuera.

Bueno, 2 años después, nos enfrentamos con la denominación que no nos quería allí (Imagínate). Pero la diferencia esta vez fue que, aunque POCOS líderes no nos querían, la mayoría de la congregación sí.

Oramos por dejar la región para descubrir lo que el Señor tenía para nosotros. Esta vez fue diferente a la anterior. El Señor le habló a mi esposo y le dijo: "Te envié a esta región para pastorear a esta gente." ¡Así que eso fue lo que hicimos! Este fue el día en que fuimos liberados de todo temor del hombre y elegimos seguir al Señor ante la incertidumbre. Pudimos comenzar nuestra propia iglesia y la llamamos Thegathering@corona. Ahora estamos 10 años después, y tenemos una red de iglesias de Gathering, **encontrando libertad y construyendo vidas!**

Escrituras de Apoyo (LBLA)

1 Samuel 24:8-12 *David lo siguió, gritando: —¡Majestad, Majestad! Saúl miró hacia atrás, y David, postrándose rostro en tierra, se inclinó y le dijo: —¿Por qué hace caso Su Majestad a los que dicen que yo quiero hacerle daño? Usted podrá ver con sus propios ojos que hoy mismo, en esta cueva, el Señor lo había entregado en mis manos. Mis hombres me incitaban a que lo matara, pero yo respeté su vida y dije: "No puedo alzar la mano contra el rey, porque es el ungido del Señor". Padre mío, mire usted el borde de su manto que tengo en la mano. Yo corté este pedazo, pero a usted no lo maté. Reconozca que yo no intento hacerle mal ni traicionarlo. Usted, sin embargo, me persigue para quitarme la vida, aunque yo no le he hecho ningún agravio. ¡Que el Señor juzgue entre nosotros dos! ¡Y que el Señor me vengue de usted! Pero mi mano no se alzará contra usted.*

Miqueas 7:5 *No os fiéis del vecino, ni confiéis en el amigo. De la que reposa en tu seno, guarda tus labios. Porque el hijo trata con desdén al padre, la hija se levanta contra la madre, y la nuera contra su suegra; los enemigos del hombre son los de su propia casa. Dios, fuente de luz y salvación. Pero yo pondré mis ojos en el Señor, esperaré en el Dios de mi salvación; mi Dios me oirá.No te alegres de mí, enemiga mía. Aunque caiga, me levantaré, aunque more en tinieblas, el Señor es mi luz. La indignación del Señor soportaré, porque he pecado contra Él, hasta que defienda mi causa y establezca mi derecho. Él me sacará a la luz, y yo veré su justicia.*

Salmo 44:18 *No se ha vuelto atrás nuestro corazón, ni se han desviado nuestros pasos de tu senda;*

Ezequiel 9:4 *y el Señor le dijo: Pasa por en medio de la ciudad, por en medio de Jerusalén, y pon una señal en la frente de los hombres que gimen y se lamentan por todas las abominaciones que se cometen en medio de ella.*

Definición de la Palabra Clave

Verdad: Conformidad con el hecho o la realidad; conformidad exacta con lo que es, ha sido o será. La verdad de la historia constituye todo su valor. Confiamos en la verdad de las profecías bíblicas. Proverbios 8: Mi boca hablará verdad... Juan 17 Tu Palabra es la verdad...

Concordancia Strong: H571 (emet) contracción de H539; estabilidad; certeza figurativa, verdad, confiabilidad: de veras, fidelidad, firme, rectamente, seguridad, seguro, verdad, verdadero.

Total de veces que aparece en la Versión KJ: 127

Tiempo de Reflexión

¿Ha habido alguna vez en que experimentaste una traición? Busca en las escrituras cómo Jesús y otros respondieron a la traición.

_____
_____
_____
_____
_____
_____
_____
_____
_____
_____

Una Oración Agradecida

Te agradezco Padre, que tu Palabra es Verdad y puedo confiar en lo que Tú has dicho. ¡Ayúdame a determinar las mentiras de Satanás y a encontrar la Verdad de lo que estás diciendo en cada situación! Rompo el acuerdo con toda maldición generacional que me fue entregada por mis antepasados, por el poder de la sangre derramada que Jesús derramó en la cruz por mí. Elijo perdonar y perdonar de nuevo cada ofensa y maldición que me fue entregada por las generaciones anteriores. Te agradezco Señor, por tu gracia y habilidad para lograr todo lo que tienes para mí por medio de Tu precioso Espíritu. ¡En el poderoso Nombre de Tu Hijo Jesus! **Exodo 20:5**

DIA 21

Gran Paz
a los que Aman tu Ley

Salmo 119:161-168
SHIN
(Se pronuncia "Shin")

Príncipes me han perseguido sin causa,
Pero mi corazón tuvo temor de tus palabras.
Me regocijo en tu palabra
Como el que halla muchos despojos.
La mentira aborrezco y abomino;
Tu ley amo.
Siete veces al día te alabo
A causa de tus justos juicios.
Mucha paz tienen los que aman tu ley,
Y no hay para ellos tropiezo.
Tu salvación he esperado, oh Jehová,
Y tus mandamientos he puesto por obra.
Mi alma ha guardado tus testimonios,
Y los he amado en gran manera.
He guardado tus mandamientos y tus testimonios,
Porque todos mis caminos están delante de ti. (RV1960)

El Anciano de Días

3 de mayo de 2015

Yo estaba postrada sobre mi cara un domingo después que el Apóstol Isaac Ramírez predicara en the Gathering en Corona, California. ¡Había estado llorando con todo dentro de mí por este próximo movimiento de Dios! Que se llevara a cabo una reforma real y que fuéramos nosotros los que abrazáramos verdaderamente TODO lo que Dios tiene para nosotros, SIN rastros de un espíritu Religioso. Un pueblo enteramente libre para ser Todo aquello para lo que fuimos creados. Justo cuando pensé que ya no podía llorar más, comencé a tener una visión abierta en el Espíritu. Yo estaba completamente desconectada de todo lo que sucedía a mi alrededor naturalmente.

El Anciano de Días vino a mí. Estaba todo de blanco y rodeado con su hermosa Gloria cubierta en oro. Era tan brillante y consumidora que tan pronto como me levantó, yo estaba cubierta con el mismo oro glorioso. Su cabello era blanco y largo, tenía ese fuego consumidor en Sus ojos que parecían como un océano, un rojo fuego y océano azul medianoche. La profundidad era tan asombrosamente profunda que era como si pudiera entrar en Sus ojos y pisar los mares.

Levantó mi cuerpo inerte y me llevó al Trono y me sentó en Su regazo de Padre. Lo agarré como una niña pequeña agarraría el cuello de su papito y El me abrazó como una madre abrazaría a un niño recién nacido. Mire Su rostro y era el rostro de un León, con Fuego Consumidor en Sus Ojos. Inmediatamente, me puso de pie justo en frente de El (mirando hacia afuera). Tan pronto como me puso de pie, yo fui abrumada con flechas viniendo hacia mí de todos lados. Parecían como 100 de ellas todas a la vez. Mientras miraba de dónde venían, vi que venían de nuestra misma congregación de personas. Tantos pensamientos pasaron por mi mente todos a la vez. No podía entender por qué Dios me puso frente a todas estas flechas. ?Por qué no me estaba EL protegiendo?

Inmediatamente mi brazo derecho se elevó y atrapó todas las flechas y pude dispararlas de regreso de donde venían. Con una excepción, las flechas que yo estaba disparando hacia cada persona que originalmente me las había disparado, estaban eliminando al demonio que estaba parado detrás de los individuos y que los estaban influenciando.

El Señor habló esta palabra siguiendo a la visión:

La Gloria de Dios se eleva en esta hora para revelar, sanar y restaurar a los quebrantados de corazón. Pero debemos ser encontrados en los brazos del Padre. En ese lugar, el Anciano de Días, el León de la tribu de Judá te armará con fuerza. El nos está armando en esta hora con la fuerza del Altísimo, para sacar a los enemigos y no el uno al otro. Dios nos está convirtiendo en esta hora para que ya no peleemos entre nosotros, sino para sacar a los enemigos que están influenciando. El Señor dice: estoy revelando Mi corazón en esta hora, estoy armando a Mis hijos e hijas con armas de guerra y armas de amor.

Escrituras de Apoyo

Proverbios 3:1-6 *Hijo mío, no te olvides de mi ley, Y tu corazón guarde mis mandamientos; Porque largura de días y años de vida Y paz te aumentarán. Nunca se aparten de ti la misericordia y la verdad; Átalas a tu cuello, Escríbelas en la tabla de tu corazón; Y hallarás gracia y buena opinión Ante los ojos de Dios y de los hombres. Fíate de Jehová de todo tu corazón, Y no te apoyes en tu propia prudencia. Reconócelo en todos tus caminos, Y él enderezará tus veredas.*

Isaías 26:3 *Tú guardarás en completa paz a aquel cuyo pensamiento en ti persevera; porque en ti ha confiado.*

Isaías 32:17-18 *Y el efecto de la justicia será paz; y la labor de la justicia, reposo y seguridad para siempre. 18 Y mi pueblo habitará en morada de paz, en habitaciones seguras, y en recreos de reposo.*

Definición de la Palabra Clave

Paz:

1) En sentido general, un estado de quietud o tranquilidad; ausencia de disturbios o agitación; aplicables a la sociedad, a los individuos o al estado de ánimo.

2) Libertad de guerra con una nación extranjera; silencio público.

3) Libertad de conmoción interna o guerra civil.

4) Libertad de peleas privadas, pleitos o disturbios.

5) Libre de agitación o perturbación por las pasiones, como miedo, terror, ira, ansiedad o similares; tranquilidad mental; tranquilidad; calma, tranquilidad de conciencia. Salmos 119 Mucha paz tienen los que aman tu Ley.

6) Descanso celestial; la felicidad del cielo. Isaías 5:7

7). Armonía; concordia; un estado de reconciliación entre partes por una diferencia.

8) Tranquilidad pública; ese orden tranquilo y la seguridad que es garantizada por las leyes; como para mantener la paz, para romper la paz.

Esta palabra se usa para ordenar silencio o quietud, como paz a esta alma atribulada.

Paz, los amantes están dormidos.

Crashau

Estar en paz, reconciliarse, vivir en armonía;

Para hacer la paz para reconciliar, como partes en desacuerdo.

Para mantener la paz. Estar en silencio, suprimir los propios pensamientos, no hablar.

Concordancia Strong: H7965 (shalóm); de H7999; seguro, (figurativamente) bien, feliz, amistoso; también (abstractamente) bienestar, salud, prosperidad, paz, bien, bueno, completo, dichoso, pacíficamente, pacífico, pasto delicado, paz, propicio, prosperidad, salvo, victorioso.

Total de apariciones en la Versión KJ: 236

Tiempo de Reflexión

Identifica las áreas en que necesitas paz.

Tómate el tiempo tal como lo hizo David en este Salmo para alabar al Señor 7 veces a lo largo de tu día. ¡Recibe las paz de Dios mientras lo alabas!

Al final de tu día, evalúa el proceso de recibir la paz.

_____
_____
_____
_____
_____
_____
_____
_____
_____

Oración por la Paz

Padre, te pido que me perdones por no permitir que Tu paz me guíe. Hoy elijo someterme a Ti y ser dirigida por la paz que viene de Ti, de Tu Palabra y de ese lugar de adoración solos Yú y yo. Tú has dicho que que Tú no eres el autor de la confusión, por lo que te agradezco a Tí que en cada lugar de confusión me ayudarás a encontrar esa quietud que viene de Tu presencia y trae paz. ¡En el poderoso Nombre de Jesucristo. Amen! **Isaías 26:3**

DIA 22

Libérame Conforme a tu Palabra

Salmo 119:169-176
TAU
(Se pronuncia "Tav")

Que llegue mi clamor a tu presencia;
dame entendimiento, Señor, conforme a tu palabra.
Que llegue a tu presencia mi súplica;
líbrame, conforme a tu promesa.
Que rebosen mis labios de alabanza,
porque tú me enseñas tus decretos.
Que entone mi lengua un cántico a tu palabra,
pues todos tus mandamientos son justos.
Que acuda tu mano en mi ayuda,
porque he escogido tus preceptos.
Yo, Señor, ansío tu salvación.
Tu ley es mi regocijo.
Déjame vivir para alabarte;
que vengan tus juicios a ayudarme.
Cual oveja perdida me he extraviado;
ven en busca de tu siervo,
porque no he olvidado tus mandamientos.

Visión y Profecía de Dos Puertas

5 de mayo de 2015

Hay dos puertas colocadas frente a nosotros, una es una puerta de fuego y la segunda una puerta blanqueada. La puerta de fuego te dará acceso al Padre, te llevará a través del proceso de purificación y y te purgará con hisopo. Habrá muchas pruebas y tribulaciones a través de esta puerta. Pero lo único que permanecerá será el amor del Padre. El corazón del Unico y verdadero amador de nuestras almas. Nuestro amigo Jesús estará con nosotros en este fuego, porque El es nuestro punto de acceso. El único camino al Padre es a través del Hijo. Sadrac, Mesac y Abednego fueron entregados al horno de fuego pero no fueron quemados porque el Señor Altísimo estaba con ellos en las llamas.

La puerta blanqueada tiene un acantilado justo al entrar. Conduce a las puertas del infierno. Esta puerta es muy difícil de atravesar y se encuentra ante la puerta de fuego, muchos gritan y dicen que este es el camino a seguir. Hacen muchos planes, reuniones y sesiones de asesoramiento para ayudar a preparar a las personas para esta puerta. Tienen reglas, reglamentos y muchas leyes, cargas y yugos que imponen a las personas para pasar por la puerta. Incluso dicen que este es el camino al cielo. Pero no saben que a donde van no es el cielo, no es el cielo. Están guiando a sus rebaños por la puerta equivocada!

¿Por qué van por la puerta equivocada? Es porque están llenos de temor y están más preocupados por llenar sus propios tesoros en vez de los Míos, dice el Señor. No saben que llegará el día en que exigiré cuentas por todo lo que han hecho y dejado de hacer. Cuando les dije que alimentaran a Mis ovejas, comieron hasta llenar sus estómagos. Cuando les dije que vistiesen a los desnudos, ellos se vistieron con joyas y glamour para ser vistos por los hombres. Cuando les dije que vendieran todo lo que tenían y me siguieran a Mí. Estaban llenos de todo tipo de miedo y decían que yo era muy difícil de seguir.

Estoy requiriendo una apertura de los libros en Mi aparición, requeriré que todos den cuenta. Es en esta hora que se les da una oportunidad. Es en esta hora que se les da a elegir. ¿Serán ustedes de los que elegirán salvar su propia alma y dejar que los que les rodean sufran hambre, siendo pobres y desnudos? Darás tu vida por la mía? ¿Tomarás tu cruz y me seguirás?

Deseo que rompan con las mentiras que el espíritu Fariseo trata de vestir a Mi Novia. Deseo que vengan a Mí y encuentren descanso. Yo les daré paz. Les traeré al lugar de Mi seno, dice el Señor.

Ustedes son Míos y yo soy suyo. Los compré con Mi propia sangre. Hice un camino donde parece que no hay camino. Vengan, vengan, vengan a Mí y Yo les conduciré a la Verdad completa. Les conduciré al Deseado de todas las Naciones, los cubriré y los guardaré. Aunque pasen por muchas aguas, no los alcanzarán, aunque caminen por el fuego, no se quemarán. YO SOY un Padre que guarda el pacto, no dejaré que el enemigo de sus almas los alcance. No dejaré que se queden en el camino.

Permanezcan cerca de Mí y de Mi corazón y verán que Yo los cubriré por completo. Dejen ir todo lo que intente detenerlos.

Acérquense a Mí y Yo me acercaré a ustedes y los libraré en tiempos de hambre, calamidad y toda forma de angustia. Es en Mi corazón donde encuentran la seguridad que anhelan.

Escrituras de Apoyo (NVI)

Salmo 119:27 *Hazme entender el camino de tus preceptos, y **meditaré** en **tus** maravillas.*

Salmo 119:144*. Tus estatutos son siempre justos; dame entendimiento para poder vivir.*

Josué 24: 21-24 *Pero el pueblo insistió: —¡Eso no pasará jamás! Nosotros solo serviremos al Señor. Y Josué les dijo una vez más: —Ustedes son testigos contra ustedes mismos de que han decidido servir al Señor. —Sí, sí lo somos —respondió toda la asamblea. Josué replicó: —Deshágansede los dioses ajenos que todavía conservan. ¡Vuélvanse de todo corazón al Señor, Dios de Israel! El pueblo respondió: —Solo al Señor nuestro Dios serviremos, y solo a él obedeceremos.*

Salmo 119:16 *Me deleitaré en tus estatutos, y no olvidaré tu palabra.*
(LBLA)

Isaías 53:4-8 *Ciertamente llevó él nuestras enfermedades, y sufrió nuestros dolores; y nosotros le tuvimos por azotado, por herido de Dios y abatido. Mas él herido fue por nuestras rebeliones, molido por nuestros pecados; el castigo de nuestra paz fue sobre él, y por su llaga fuimos nosotros curados. Todos nosotros nos descarriamos como ovejas, cada cual se apartó por su camino; mas Jehová cargó en él el pecado de todos nosotros. Angustiado él, y afligido, no abrió su boca; como cordero fue llevado al matadero; y como oveja delante de sus trasquiladores, enmudeció, y no abrió su boca. Por cárcel y por juicio* *fue quitado; y su generación, ¿quién la contará? Porque fue cortado de la tierra de los vivientes, y por la rebelión de mi pueblo fue herido.*

Definición de la Palabra Clave

Entregar:

1) Liberar, soltar, como de restricción; poner en libertad, como, para liberar a uno del cautiverio.

2) Rescatar o salvar.

3) Dar o transferir; poner en la mano o poder de otro, comprometerse; pasar de uno a otro.

4) Entregarse, ceder, rendirse, renunciar, como, para entregar una fortaleza a un enemigo. A menudo es seguido por; como, para entregar la ciudad; para entregar bienes robados.

Concordancia Strong: H5337 (natsál) raíz primaria; arrebatar, sea en sentido bueno o malo:- arrebatar, defender, despojar, entregar, escapar, huir, libertar, librar, libre, opresor, quitar, recobrar, redimir, sacar, salvar, separar.

Total de veces que aparece en la Versión KJ: 213

Tiempo de Reflexión

¿Hay áreas que necesito liberar y rendir al Señor? Tómate el tiempo y cédele cada lugar a El.

_____

_____

_____

_____

_____

_____

_____

_____

_____

_____

_____

_____

_____

Oración de Agradecimiento

¡Te agradezco, Padre, que Tú eres mi liberador, en Ti pongo mi confianza! Aunque pase por situaciones difíciles, te agradezco Señor, que eres mi ayuda en cada momento de necesidad. Me prometiste que Tú nunca me dejarás ni me abandonarás. ¡Te amo porque tú me amaste primero! **Juan 14:18**

Tú Conmigo por La Eternidad

Es solo a través del Amor,
Y poniendo tu voluntad por la mía
Que te conviertes Uno Conmigo.
Es solo en un sacrificio perfecto
Que sueltas todo de ti por Mí.
No debes tener motivos egoístas.
Debo ser tu pasión que todo lo consume.
Debo ser tu primer amor.
En ese momento verás,
Y Me experimentarás.
Deja ir todo egoísmo,
Deja ir todos los pensamientos que consumen
Y esas cosas de pasión que no son Mías.
Entonces y solo entonces me verás
Y serás uno con el otro,
Y serás Uno conmigo, dice el el Señor.
Da tu vida por la Mía,
Y en ese momento
Seré tu fuego que todo lo consume,
Te llenaré con todo Mi deseo,
Con todas las cosas que están cerca de mi corazón,
Te amo con amor con amor eterno,
Mi corazón arde por ti,
Mi corazón te anhela
Anhelo estar contigo y tú Conmigo,
Donde Yo estoy, por la Eternidad!

"¡Si Quieres Romper Cualquier Hábito, Debes Cambiar y Hacer las Cosas Diferentes!"

En este devocional he compartido experiencias personales, pruebas, traumas y testimonios de cómo pude superar las dificultades que enfrenté en mi vida.

En Apocalipsis 12:11 dice: "Y ellos le han vencido por medio de la sangre del Cordero y de la palabra del testimonio de ellos, y menospreciaron sus vidas hasta la muerte."

He encontrado mi camino para vencer las fortalezas que el enemigo me ha arrojado, compartiendo continuamente mi testimonio cada vez que Dios me ha sacado de una prueba o un trauma. Y cada vez pude sentir la Luz de Dios brillando tan resplandeciente en los lugares oscuros de la vergüenza, el miedo y todo con lo que el enemigo trataría de mantenerme atada. Destruiría el cautiverio de Satanás sobre mi mente y también traería vida y sanidad a otros.

Mi oración por ti es que sea cual sea la batalla que estés enfrentando que abraces el proceso de la verdadera victoria a través del camino de la Palabra de Dios. Escondiendo verdaderamente Sus Promesas en tu corazón.

Tonja Marie Peters

Made in the USA
Monee, IL
17 April 2024